West-Berlin und der Umbruch in der DDR

Stefanie Eisenhuth

West-Berlin und der Umbruch in der DDR

Grenzübergreifende Wahrnehmungen und Verhandlungen 1989

be.bra
wissenschaft verlag

Gedruckt mit freundlicher Unterstützung des Berliner Landesbeauftragten für die Unterlagen des Staatssicherheitsdienstes der ehemaligen DDR

Berlin
Landesbeauftragter für die Unterlagen
des Staatssicherheitsdienstes
der ehemaligen DDR

Bibliografische Information der Deutschen Nationalbibliothek
Die Deutsche Nationalbibliothek verzeichnet diese Publikation in der Deutschen Nationalbibliografie; detaillierte bibliografische Daten sind im Internet über http://dnb.d-nb.de abrufbar.

KulturBrauerei Haus 2
Schönhauser Allee 37, 10435 Berlin
post@bebraverlag.de
Lektorat: Marijke Topp, Berlin
Umschlaggestaltung: typegerecht, Berlin
Innengestaltung: Friedrich, Berlin
Schrift: Cambria 10/12 pt
Printed in Germany
ISBN 978-3-937233-93-2

www.bebra-wissenschaft.de

Inhalt

Vorwort

Mit dem Mauerfall im Herbst 1989 kehrte Berlin mit einem Schlag auf die weltpolitische Bühne zurück – aber seine Akteure waren ohne Konzept, als die über Jahrzehnte beschworene Einheit der Stadt über Nacht Wirklichkeit wurde. Um diesen paradoxen Befund kreist die vorliegende Studie. Sie befasst sich mit der Frage, warum West-Berlin als anerkannter Schlüsselort der deutschen Teilung ausgerechnet in dieser historischen Stunde kein Eigengewicht entfaltete, als es nach den Jahren der rhetorischen Rituale politisch darauf ankam.

Die Autorin rekonstruiert mit den Instrumentarien der politischen Kulturgeschichte das berlin- und deutschlandpolitische Denken und Handeln in der West-Berliner Politik und Öffentlichkeit für das Jahr 1989, um die Reaktion des Diskursraums West-Berlin auf die immer rascher sich mehrenden Zeichen der Veränderung zu ermitteln. Wer dem Gedankengang der Verfasserin folgt, erfährt die Gründe für das Verschwinden West-Berlins aus dem Scheinwerferlicht der Öffentlichkeit, das mit der Ritualisierung der Erinnerung an den Kalten Krieg und dem Verblassen eines manichäischen Weltbildes einherging. Sie liegen im Wandel des West-Berliner Selbstverständnisses und in der fortschreitenden Entmythologisierung, die wiederum maßgeblich auf den starken westdeutschen Zuzug einer nachgewachsenen Generation zurückgehen. Die bundesdeutschen Newcomer aus »Westdeutschland« standen der Berliner Frontstadtmentalität überwiegend verständnislos gegenüber. Sie verwandelten die überkommene Berlin-Identität und ihren gemeinsamen Erfahrungshaushalt – Blockade, Juniaufstand und Mauerbau – in eine absterbende Sinnprovinz, die am Ende auch von konservativer Seite nicht mehr ausreichend gefüttert werden konnte.

Aber die Gründe für den Berliner Bedeutungsverlust lagen nicht allein in Berlin. Ebenso wichtig war die Verschiebung der Stellung Berlins im bundesdeutschen (und europäischen) Diskurs, die das Fanal der Freiheit in ein Relikt des Kalten Krieges und störendes Entspannungshindernis verwandelte. Gewiss: Berlin in der »Sinnkrise« bedeutete nicht nur einen politischen Gewichtsverlust, sondern stimulierte auch die Suche nach neuen, pragmatischen Zukunftslösungen, die die Berlin-Politik in der zweiten Hälfte der achtziger Jahre auf beiden Seiten der Mauer zu einer schrittweisen Annäherung und Entideologisierung brachte. Doch mit der

Rasanz des Umbruchs von 1989 hielt keine Pragmatik mit – und am wenigsten die der West-Berliner Politik. Einerseits war die West-Berliner Landesregierung bereits seit Ende Oktober 1989 auf die kommende Gewährung völliger Reisefreiheit durch die DDR-Behörden vorbereitet – und hatte diese Information am 6. November auch an den Bundeskanzler weitergeleitet. Andererseits aber lag ein Berlin ohne Mauer noch im Moment der sich öffnenden Grenzen parteiübergreifend außerhalb des politisch Vorstellbaren. Kurz: Die Maueröffnung traf ein ungläubiges West-Berlin, das der Erfüllung der jahrzehntelangen Hoffnung auf den Einsturz der Mauer fast sprachlos gegenüberstand.

Wer Stefanie Eisenhuths behutsame Rekonstruktion des politischen Handelns und Denkens in Berlin während des sich hinter der Mauer vollziehenden Regimesturzes liest, versteht zumindest eines besser: warum nämlich das politische West-Berlin vom plötzlichen Ende der deutschen Teilung schneller erfuhr und doch stärker gelähmt wurde als die europäische Politik insgesamt.

Martin Sabrow
Berlin, im Juni 2012

Einleitung

»Manchmal schien Berlin die Stadt zu sein, in der ein zukünftiges Weltalter vorweggenommen wurde«[1], sinnierte Sebastian Haffner Anfang 1945 im Londoner Exil, wo er die baldige Befreiung der Reichshauptstadt durch die alliierten Truppen erwartete. Auch im Rahmen des Umbruchs von 1989/90 erfuhr Berlin diese Zuschreibung, als der Journalist Peter Bender die Stadt als eine Art »Hohlspiegel« der deutschen Nachkriegsgeschichte bezeichnete: »Was mit Deutschland geschah, das geschah zu allererst und am meisten in Berlin. (...) Was immer die Deutschen mit- oder gegeneinander anfingen, es begann oder endete in Berlin. Auch die deutsche Einheit begann dort.«[2] Berlin war in diesen Monaten »das Auge des Hurrikans«, so Willy Brandt 1991.[3] Berlin, die dynamische Metropole, in der schon immer Geschichte geschrieben wurde, eine Art Brennpunkt, an dem große Ereignisse vorweggenommen wurden oder sich zumindest zu einem Kulminationspunkt verdichteten? Wenn dem so ist, warum findet dann ausgerechnet die Stadthälfte, die jahrzehntelang stellvertretend für die Forderung nach dem Abriss der Mauer stand, keine prominente Erwähnung in historischen Darstellungen, die sich mit dem Ende der deutschen Teilung befassen?

Ein möglicher Erklärungsansatz deutet sich in den Memoiren des damaligen Chefs der Senatskanzlei, Dieter Schröder, an. Er beschreibt die Stimmung im Oktober 1989 wie folgt: »Es war ein merkwürdiges Stadium der Entwicklung erreicht, jeder wußte, daß eine Veränderung bevorstand, jeder sah sich als nicht betroffen an und machte weiter wie bisher.«[4] Schröder attestiert speziell der politischen Klasse West-Berlins, sie habe zwar bemerkt, dass sich jenseits des Eisernen Vorhangs eine Entwicklung anbahnte, sich jedoch nicht auf daraus resultierende Konsequenzen vorbereitet. Ist es denkbar, dass ausgerechnet im westlichen Teil der Stadt, dem die Offenhaltung der deutschen Frage als existenzbegründende Aufgabe überantwortet worden war, nicht realisiert wurde, welche Folgen die Ereignisse vor der eigenen Haustür nach sich ziehen könnten, und man gänzlich unvorbereitet war auf eine mögliche städtische Wiedervereinigung? Wurde die Geschichte der Wiedervereinigung Berlins nur in Ost-Berlin geschrieben? Oder war ganz Berlin ein Vorreiter und wies den Weg zur deutschen Einheit?

Im Fokus der Untersuchung steht das Phänomen von räumlicher Nähe und mangelnder interpretatorischer Distanz. West-Berlin war in mehrfacher Hinsicht unmittelbar von dem Umbruch in der Deutschen Demokratischen Republik (DDR) betroffen. Die Wahrnehmung der Ereignisse sowie die daraus gezogenen handlungsleitenden Schlussfolgerungen seitens der politischen Akteure West-Berlins waren jedoch das Resultat eines Deutungsrahmens, der aus der jahrzehntelangen Erfahrung der Teilung resultierte. Nach Jahrzehnten des Status quo traten Ereignisse ein, die das weltpolitische Machtgefüge veränderten. Vor dem Hintergrund des eigenen Erfahrungsraumes musste dieser sich neu öffnende Horizont gedeutet werden, um politisch handeln zu können. Wann realisierten die politischen Akteure und die mediale Öffentlichkeit West-Berlins den Wandel, welche Namen gaben sie ihm und welche Perspektiven meinten sie, erkennen zu können?

Erfahrungen, Erwartungen, Ereignisse

»[E]s gibt keine Geschichte, ohne daß sie durch Erfahrungen und Erwartungen der handelnden oder leidenden Menschen konstituiert worden wäre«[5], stellte der Historiker Reinhart Koselleck fest. Dieses Paar formt Geschichte insofern, als dass es darüber entscheidet, wie Ereignisse eingeordnet und interpretiert werden: »Es ist die Spannung zwischen Erwartung und Erfahrung, die in jeweils verschiedener Weise neue Lösungen provoziert und insoweit geschichtliche Zeit aus sich hervortreibt.«[6] Aleida Assmann unterstrich, welche Funktion Orten als Erinnerungsräumen in diesem Prozess zukommt: An ihnen ragt die erlebte oder erzählte Vergangenheit in die Gegenwart. Durch die Verknüpfung dieser Orte mit kollektiver Erinnerung stiften sie Identität.[7] Der Soziologe Rolf Lindner plädierte demgemäß für eine Hinwendung zur Erforschung regionaler Identitäten, um so das Spezifische einer Stadt, ihren Habitus, in Erfahrung bringen zu können. Die Stadt bildet für ihn »einen Vorstellungsraum, der den physikalischen Raum insofern überlagert, als er der durch die begleitenden Bilder und Symbole hindurch erlebte und erfahrene Raum ist. Diese tatsächliche, weil gelebte Stadt bildet eine labyrinthische Wirklichkeit, eine totale soziale Erfahrung, die sich allen Sinnen einprägt«.[8]

Einführend wird West-Berlin daher als Erfahrungsraum skizziert – nicht als statischer, sondern als dynamischer Raum, der den Hintergrund für unterschiedliche Erfahrungen verschiedener Alterskohorten und Milieus stellte. Ausgehend hiervon werden die grenzübergreifenden politischen Kontakte des Jahres 1989 sowie die partei- und generationsspezifischen Wahrnehmungen der Ereignisse in der DDR untersucht. Insofern leistet die Arbeit einen Beitrag zu einer von Christoph Kleßmann geforderten verflochtenen Parallelgeschichte: »Die Existenz einer kommunistischen Diktatur auf deutschem Boden« hatte Auswirkungen auf die Entwicklung der Bundesrepublik, sie prägte »die politische Kultur«, beeinflusste »die Formen der innenpolitischen Konsensfindung« und »diskreditierte aber auch gesellschaftliche Alternativkonzepte«[9]. Dies galt umso mehr für West-Berlin als einer Exklave der Bundesrepublik inmitten der DDR.

Diese Arbeit untersucht die Relation West-Berlins zum Umbruch in der DDR auf zwei Ebenen: erstens auf der Ebene der politischen Verhandlungen, zweitens auf der Ebene der öffentlichen Thematisierung des Wahrgenommenen. Die Arbeit konzentriert sich auf die Parteien, die im Untersuchungszeitraum den Senat bildeten, SPD und AL, und schildert die Differenzen, die zu den Oppositionsparteien CDU und REP existierten. Die FDP war in der 11. Wahlperiode nicht im Berliner Abgeordnetenhaus vertreten.[10] Die Deutungen dessen, was jenseits der Mauer geschah, werden anhand der diskursiven Verhandlung der Geschehnisse analysiert, denn Diskurse regeln das »Sagbare, Denkbare und Machbare« und geben somit Aufschluss darüber »wie, warum und in welchen historischen Kontexten bestimmte Wissensformen hervorgebracht wurden«.[11] Für die hier zugrunde gelegte Fragestellung heißt dies: In welcher Art und Weise wurde zu welchem Zeitpunkt, basierend auf welchen zeitlich wie räumlich geprägten Erfahrungen, wie über die Entwicklung gesprochen? Im Jahr 1989 veränderten sich die Rahmenbedingungen rapide. Von West-Berlin, welches sich über Jahrzehnte als demokratischer Vorposten des Westens verstanden hatte, verlangten diese Monate ein rasantes Umdenken: Die Existenzbedingungen änderten sich und stellten die bisherige Existenzberechtigung infrage.

Der Historiker Heinrich Potthoff brachte das Problem, welches die Wissenschaft mit der Gleichsetzung von medialem und privatem Diskurs hat, auf die griffige Formel: »Was für die einen als ›öffentliche Meinung‹ gilt, ist für die anderen nur die ›veröffentlichte Meinung‹.«[12] Dennoch helfen zeitgenössische journalistische Kommentare sowie Interviews bei der Rekonstruktion vergangener Wahrnehmungen. Soweit vorhanden werden ergänzend Erkenntnisse der Demoskopie, speziell aus dem Umfeld der Wahlen 1989/90, hinzugezogen.[13] Sie dienen der Überprüfung, inwiefern die politisch wie publizistisch vertretenen Meinungen Teil eines gesellschaftlichen Konsenses waren und welche öffentlich artikulierten Strategien durch die verschiedenen sozialen Milieus und Alterskohorten West-Berlins unterstützt wurden. Gleichwohl handelt es sich hierbei nicht um eine Regionalgeschichte der deutschen Wiedervereinigung in Form der Schilderung des institutionellen Zusammenwachsens – dies wäre ein weiteres Feld, welches es zu erforschen lohnen würde. Vielmehr ist es eine Geschichte des Wahrnehmens und Handelns zum Zeitpunkt einer historischen Zäsur[14].

Ziel der Untersuchung ist aufzuzeigen, inwiefern West-Berlin als eigenständiger Akteur agierte und ob der bisherigen Erzählung ein Teil hinzugefügt werden muss, um das Bild vom Umbruch des Jahres 1989 zu vervollständigen. Sie beginnt mit der Bildung des rot-grünen Senats im Frühjahr 1989, da mit dem Antritt dieser Regierung neue berlinpolitische Wege beschritten wurden. Trotz der generellen Beschränkung auf das Jahr 1989 wird vereinzelt auch ein Ausblick auf das Frühjahr 1990 gegeben. Mit der Volkskammerwahl 1990 endet die Arbeit, da das eindeutige Votum der DDR-Bürger für die *Allianz für Deutschland* über die deutsche Einheit als Ziel entschied und die weitere Entwicklung somit weitestgehend feststand.[15] Die Einteilung solcher Phasen ist stets künstlich und lässt sich anhand zahlreicher Kontinuitäten über den markierten Punkt hinaus widerlegen. Dennoch dient die Periodisierung dem Historiker zur Präzisierung seines Untersuchungsgegenstandes. Der Mauerfall teilt den Untersuchungszeitraum noch einmal in zwei Abschnitte: eine erste Phase, in der West-Berlin nur durch die Ausreisebewegung und durch die Sorge vor einem zweiten 17. Juni 1953 von den Geschehnissen betroffen war, und eine zweite Phase, in welcher sich entschied, zu welchem Ergebnis die Entwicklung in der DDR führen wird. Dies sind die entscheidenden Monate, in denen um Deutungsmacht gerungen wurde und verschiedene Zukunftskonzepte konkurrierten. Auf eine detaillierte Schilderung des 9. November 1989 wird verzichtet, da die Recherchen aufgrund noch immer geschlossener Aktenbestände keine Erkenntnisse ergaben, die über den bisherigen Forschungsstand hinausgehen würden.[16] Auch die Debatte um Berlin als Hauptstadt des vereinten Deutschlands ist nicht Teil der Untersuchung.[17]

Innerparteiliche Vorgänge bei SPD und CDU konnten nur zum Teil berücksichtigt werden, da die entsprechenden Bestände in den Parteiarchiven noch nicht erschlossen sind. Die Akten der Alliierten unterlagen zum Zeitpunkt der Untersuchung noch der Schutzfrist und waren somit nicht zugänglich – einige Informationen konnten jedoch den Akten der Senatskanzlei und einigen vorab freigegebenen Dokumenten des Auswärtigen Amtes entnommen werden.[18] Da die Kontakte zur Ost-Berliner Opposition nur spärlich dokumentiert wurden, füllten neben den Akten aus dem Archiv der Robert-Havemann-Gesellschaft e.V. auch Auskünfte der Mitarbeiter sowie ein Zeitzeugengespräche mit Ralf Hirsch die Lücken der schriftlichen Überlieferung. Hirsch, einst Sprecher der Ost-Berliner *Initiative für Frieden und Menschenrechte*, fungierte seit seiner Ausbürgerung 1988 als Schnittstelle zu den oppositionellen Gruppen in der DDR und war ab Herbst 1989 durchgängig an der Seite des Regierenden Bürgermeisters.

Walter Momper[19] sowie der Chef der Senatskanzlei, Dieter Schröder[20], dessen Vorgänger Detlef Stronk[21], der »Besuchsbeauftragte« Gerhard Kunze[22], der die SPD-SED-Treffen durchführende Harry Ristock[23] sowie die CDU-Politiker Uwe Lehmann-Brauns[24] und Eberhard Diepgen[25] haben ihre Erinnerungen veröffentlicht. Auf diese wurde ebenfalls zurückgegriffen.

Bereits der Titel dieser Arbeit, der von einem Umbruch und nicht von der friedlichen Revolution spricht, könnte vor dem Hintergrund erinnerungspolitischer Debatten[26] als Bekenntnis gewertet werden. Dem ist nicht so, vielmehr ist er dem Anliegen der Arbeit, dem Aufzeigen von Deutungsmustern, geschuldet. Da hier gerade die Semantik von Bedeutung ist, wäre es nicht sinnvoll, den Ereignissen im Vorfeld ein Etikett zu verleihen. Dennoch wird gezeigt, dass der Revolutionsbegriff in West-Berlin temporär äußerst prominent war.[27]

Forschungsstand

Trotz der bedeutenden Rolle West-Berlins im Kalten Krieg ist die Anzahl aktueller wissenschaftlicher Arbeiten zum Thema erstaunlich gering. Eine Tagungseinladung des Instituts für Zeitgeschichte bezeichnete die Geschichte West-Berlins im April 2010 gar als »fast vergessenes Kapitel der deutschen Zeitgeschichte«[28]. Auch wenn dies in Gänze überspitzt formuliert ist, so trifft die Feststellung für die letzten zwei Jahrzehnte der Inselstadt durchaus zu, denn mit dem Ende der großen Krisen nahm auch das Interesse der historischen Forschung ab; die seit 1990 publizierte wissenschaftliche Literatur beschränkt sich größtenteils auf die Phase zwischen 1945 und 1961[29] Besonders die von Michael Lemke herausgegebenen Sammelbände sowie seine jüngste Monographie legten einen wichtigen Grundstein für die geschichtswissenschaftliche Erforschung dieser historischen Phase und verdeutlichen zugleich den Bedarf, der hinsichtlich der späten Jahre der Halbstadt existiert, um dem monolithischen Bild der ewigen Frontstadt ein differenziertes entgegenstellen zu können. Nur allzu leicht werden sonst Entwicklungen übersehen und zeitgenössische Denkmuster reproduziert, die es eigentlich zu hinterfragen gilt.[30]

Den jüngsten Versuch einer Gesamtdarstellung der West-Berliner Geschichte unternahm Wilfried Rott[31]; darüber hinaus erschienen in den letzten Jahren eher belletristische Publikationen.[32] In den meisten Abhandlungen zur friedlichen Revolution bietet West-Berlin lediglich die Kulisse für den Mauerfall.[33] Ilko-Sascha Kowalczuk betont dennoch die Bedeutung der westlichen Teilstadt für die Unterstützung der Ost-Berliner Oppositionsgruppen.[34] Ehrhart Neubert, der in seiner *Geschichte der Opposition in der DDR*[35] noch dieselbe These vertrat, reduzierte West-Berlin in seinem jüngsten Buch *Unsere Revolution* ebenfalls auf den 9. November 1989 und die Tage danach und beschreibt den Mauerfall gar als »Einheitsfeier«.[36] Die *Enquete-Kommission zur Aufarbeitung von Geschichte und Folgen der SED-Diktatur in Deutschland* widmete sich West-Berlin ebenfalls nur von den üblichen drei Punkten aus: als ummauerte Frontstadt mit kompliziertem Rechtsstatus[37], als hilfreicher Außenposten der DDR-Opposition[38] und als Ort des Mauerfalls. Ganz diesem Narrativ konform wechselte Manfred Wilke in seinem Vortrag über die Ereignisse von 1989 von der West-Berliner Geschichte zur Geschichte der ostdeutschen Bürgerbewegung und schließt mit dem Resümee: »Das ist das große nationale Verdienst der Berliner von 1989, ihre Tat bekräftigte die Option von 1946; die Deutschen gehören zum Westen.«[39] Krijn Thijs fasste das aus der bisherigen Forschung resultierende Bild West-Berlins im Herbst 1989 pointiert zusammen: »Die ›Insel‹ bleibt passiver Zielort in einer aus ostdeutscher Perspektive erzählten Geschichte des Mauerfalls. West-Berlin ist bloß Bühne und Dekor, es stellt den Ku'damm und das klatschende Publikum für die ostdeutsche Selbstbefreiung.«[40]

Politische Kontakte zwischen Ost- und West-Berlin

»Westberlin ist ein Dschungel für die abenteuerlichsten Gestalten aus den Zeiten der Hitlerherrschaft, für gekaufte Subjekte der verschiedensten Spionagedienste, für sozial gescheiterte Existenzen, die jetzt ausgebildet werden für Provokationen, Diversionen und alle nur denkbar möglichen Verbrechen gegen die Deutsche Demokratische Republik (...)«, so die Feststellung einer DDR-Propagandaschrift aus dem Jahr 1958.[41] Das *Kleine politische Wörterbuch* der DDR beschrieb West-Berlin 1973 noch immer als »Störfaktor gegen Sicherheit und Entspannung in Europa und als Zentrum politischer, ökonomischer und ideologischer Diversionstätigkeit gegen die DDR«.[42] Neben diesen Vorwürfen waren es staats- und völkerrechtliche Fragen, welche die Auseinandersetzungen um die geteilte Stadt prägten. Politische Kontakte zwischen beiden Stadthälften waren daher weder uneingeschränkt möglich noch von allen Seiten erwünscht.

Gemäß dem Besatzungsstatut durfte West-Berlin keine eigenständigen Verträge mit der DDR abschließen und es waren lediglich – nach Absprache mit den Alliierten – Verhandlungen gestattet, die keine völkerrechtlichen Belange betrafen.[43] Da nach westlicher Lesart Berlin politisch jedoch nicht rechtlich geteilt war, wären innerstädtische Beziehungen zwischen Ost- und West-Berlin gestattet gewesen.[44] Dieser Option stand jedoch bis 1989 entgegen, dass die SED Berlin nicht als rechtliche Einheit erachtete und daher stets darauf bestand, als Staatsregierung und niemals auf kommunaler Ebene mit West-Berlin zu verhandeln.[45] Sämtliche Gespräche fanden demgemäß zwischen dem Senat sowie Vertretern der *Abteilung Westberlin* des Ministeriums für Auswärtige Angelegenheiten (MfAA) der DDR statt.[46] Darüber hinaus existierte eine Abteilung beim Zentralkomitee (ZK) der SED, die sich ebenfalls um Kontakte mit West-Berlin bemühte. Sie war 1965 aus einer durch das Politbüro eingesetzten Kommission hervorgegangen, deren Aufgabe die »straffe operative Leitung der gesamtdeutschen Arbeit nach Westdeutschland« war. Zwischen 1973 und 1985 leitete Herbert Häber die Abteilung, danach Gunter Rettner. Unter Letzterem firmierte sie als *Abteilung für Internationale Politik und Wirtschaft.* Sämtliche seiner Berichte gingen direkt an den Generalsekretär des ZK der SED und Staatsratsvorsitzenden Erich Honecker sowie meist auch in Kopie an Hermann Axen, Mitglied der *Arbeitsgruppe BRD* beim Politbüro des ZK der SED und Sekretär des ZK für Internationale Verbindungen.[47]

Bereits vor der Unterzeichnung des Vier-Mächte-Abkommens pflegten die Senatskanzlei und die Senatsverwaltung Kontakte zur DDR-Administration im Rahmen des Passierscheinabkommens, ab 1971 kamen die Gespräche der Beauftragten gemäß der Vereinbarung über den Reise- und Besucherverkehr hinzu.[48] Die Absprachen dieser sogenannten Besuchsbeauftragten beschränkten sich fast ausschließlich auf Aspekte des innerstädtischen Grenzverkehrs, des Gebietsaustausches sowie der Reichsbahn und der Wasserstraßen. Für den hier betrachteten Zeitraum zeichnete auf östlicher Seite der Leiter der Westberlin-Abteilung des MfAA, Dr. Walter Müller, und auf West-Berliner Seite der Leiter der Berlinpolitischen Abteilung der Senatskanzlei, Gerhard Kunze, verantwortlich. In der 11. Wahlperiode, der Regierungszeit des rot-grünen Senats, übernahm der Chef der Senatskanzlei, Professor Dieter Schröder, einen großen Teil der Absprachen mit der DDR.

Die Berliner CDU hatte nach der Regierungsübernahme 1981 die DDR-Kontakte deutlich ausgeweitet; so trafen bei dem Besuch Richard von Weizsäckers in Ost-Berlin 1983 erstmals ein West-Berliner Bürgermeister und das Staatsoberhaupt der DDR offiziell zusammen. Eine Abkehr vom Konzept der Politik der kleinen Schritte erfolgte nicht,[49] wenn auch die CDU mit der Ära Kohl eine »konsequente Verschärfung des normativen Abstandes zur DDR« vornahm, um vom Verdacht der »Fraternisierung« frei zu bleiben.[50] Dieses »Management der Teilung zwischen ideologischer Konfrontation und praktischer Kooperation«[51] gestaltete sich speziell in Berlin schwierig. Exemplarisch hierfür stehen die gescheiterten Versuche anlässlich des doppelten Stadtjubiläums 1987, in deren Rahmen die DDR weiterhin Gespräche mit dem Senat unterhalb der Regierungsebene verweigert hatte.[52] Zynisch resümierte Innensenator Wilhelm Kewenig: »Berlin- und Deutschlandpolitik im Herbst 1987 – kein Bereich, in dem sich schnelle Siege abzeichnen und große Sprünge Erfolg versprechen. Sysiphus hätte seine Freude.«[53]

»Im Laufe der Jahre veränderte sich das Selbstverständnis West-Berlins; zudem variierte es zwischen den verschiedenen Bevölkerungsgruppen erheblich«, stellt Wilfried Rott im Rahmen seiner Gesamtdarstellung der West-Berliner Geschichte mit Blick auf die 1970er und 1980er Jahre fest. Eine ähnliche historische Wegmarke setzte Dirk Rotenberg in seiner Studie zum Wandel der Berliner Demokratie in den Jahren 1971 bis 1981, in der er unterstrich, wie auf das Nachlassen der Bedrohung von außen eine Konzentration auf innerstädtische Belange folgte.[54] Eine etwas frühere Zäsur als das Vier-Mächte-Abkommen sieht Simone Derix. Sie verdeutlichte anhand der Inszenierung Berlins für Staatsgäste der Bundesrepublik, wie die Studentenunruhen des Jahres 1967 und die beginnende Entspannungspolitik das Berlin-Bild veränderten. West-Berlin sollte zur »Stadt der duldenden Märtyrer« werden, da die einstige »Kampfbereitschaft« nicht mehr in die neue Zeit passte. Zeitgleich allerdings war eine junge Generation nicht mehr bereit, sich der von der Außenpolitik dominierten Rolle der Stadt zu fügen, eroberte die Straße und sorgte dafür, dass sich »die Berliner von ihrer alten ikonographischen Ausrichtung zu lösen« begannen. Als »dramatische Bühne« kehrte West-Berlin, so Derix, erst 1987 wieder, als Ronald Reagan vor dem Brandenburger Tor die Mauer als »a sign of the failure of the Soviet system« bezeichnete.[55] Andreas W. Daum benennt in seiner Studie *Kennedy in Berlin* drei wichtige Ereignisse für die Veränderung des städtischen Selbst- und Fremdbildes: Die Passivität der USA nach dem Mauerbau, die Entspannungspolitik sowie den Vietnamkrieg. Sie führten in den 1960er Jahren zu einer Schwächung des manichäischen Weltbildes und ließen somit Berlin, welches sinnbildlich für den Konflikt stand, aus dem »Scheinwerferlicht der Weltöffentlichkeit« rücken. Das »heroische, auf Vergemeinschaftung basierende Berlin Amerikas zwischen Luftbrücke und Kennedy-Besuch« verkam zum »Zitat im ritualisierten Gedenken« und »Berlin wurde zum deutschen Berlin«. Als Zäsur sieht auch Daum das Jahr 1967, als der US-Vizepräsident Hubert H. Humphrey anlässlich seines Besuches zwei Berlins erlebte: das der außerparlamentarischen Opposition (APO), die am Amerikahaus zeigte, was sie von der »Schutzmacht« hielt, und das altbekannte West-Berlin, repräsentiert durch die zu Tausenden vor dem Rathaus

Schöneberg jubelnden Menschen. Bis 1987 spitzte sich die Situation zu und die Proteste gegen den Reagan-Besuch verursachten den »größten Nachkriegseinsatz der West-Berliner-Polizei«.[56]

Wilfried Rott unterscheidet demgemäß zwischen den »Blockade- und Mauerbau-Berlinern« und einer neuen, »meist nicht aus West-Berlin stammende[n] Generation (...), der die alte West-Berliner Mentalität herzlich fremd war«[57]. Der Soziologe Heinz Bude zieht eine ähnliche Trennlinie und unterscheidet zwischen jenen, die »von der Geschichte der Stadt in Bann gezogen wurden, und denen, die diese Behauptungen brechen wollten«. In den frühen 1980er Jahren habe eine Entmythologisierung Berlins begonnen, die der Stadt der Kriegskinder ein neues, unheroisches Berlin entgegengestellt habe.[58] Hierzu hatte auch eine weit über die Stadt hinausreichende Entwicklung beigetragen: das zunehmende Infragestellen der moralischen Überlegenheit des Westens, unter anderem durch die Studentenbewegung. Dies betraf West-Berlin im Besonderen, hatten doch die Proteste gegen die USA in »Amerikas Berlin« eine besondere symbolische Wirkmacht – der Berlin-Mythos verlor zunehmend an »Ausstrahlungskraft und Glaubwürdigkeit«[59]. Die Berliner sahen bei dieser Entwicklung nicht passiv zu, auch vor Ort wurde bewusst um Deutungshoheit gerungen. Es ging um ein zukunftsfähiges Konzept in dem erreichten Stadium der Normalität des Anomalen.[60] Doch die »bis zur Polarisierung reichende Pluralität der West-Berliner Gesellschaft« verhinderte einen Konsens und die Unterscheidung zwischen Alt- und Neu-Berlinern, zwischen alt und jung, konservativ und alternativ fand ihren Höhepunkt, als der Regierende Bürgermeister Eberhard Diepgen nach einer Straßenschlacht am 1. Mai 1987 Teile der Kreuzberger Szene als »Anti-Berliner« bezeichnete.[61] Hier wurde eine Grenze gezogen zwischen jenen, die das West-Berlin der 1950er und 1960er Jahre repräsentierten, und jenen, denen diese zeitliche Erfahrung fehlte und die eher das Neue und Andere suchten, als Teil einer Gesellschaft sein zu wollen, in der »die Vergangenheit nicht verging«.[62]

Jan und Aleida Assmann haben gezeigt, dass sich die soziale Identität des Einzelnen aus der kommunikativen Verhandlung der gemeinsamen Geschichtserfahrung innerhalb einer Wir-Gruppe ableitet.[63] Die für die Wir-Gruppe konstitutiven Erinnerungen bilden schließlich das kulturelle Gedächtnis, in dem sie in Form von materiellen Repräsentationen und symbolischen Praktiken objektiviert und tradiert werden.[64] Nur durch

Kreuzberg mauert sich anlässlich des Reagan-Besuches 1987 in »Anti-Berlin« ein.

die Entäußerung von geschichtlichen Erfahrungen, deren symbolischer Codierung, Überlieferung und der Bereitschaft zur erneuten Aufnahme durch die nächsten Generationen kann das Erlebte auch weiterhin identitätsstiftend sein.[65] Diese Informationen stellen das »Wissen« der sozialen Gemeinschaft dar; die Mitglieder leben in einer gemeinsamen »symbolischen Sinnwelt«[66] oder lokal begrenzt in einer »Sinnprovinz«, die in der Vergangenheit entstanden ist und sich im Heute als objektive Wirklichkeit präsentiert, die dem Einzelnen »Gefühle der Sicherheit und Zugehörigkeit« vermittelt und der Gesellschaft in ihrer bestehenden Form Sinn verleiht. Die symbolische Sinnwelt »weist allen allgemeinen Ereignissen (...) ihren Platz zu. Für die Vergangenheit hält sie ›Erinnerung‹ bereit, deren alle teilhaftig sein können, die zu der betreffenden Gesellschaft gehören. Für die Zukunft garantiert sie ein gemeinsames Bezugssystem, einen Projektionsrahmen für individuelle Handlungen.«[67] Detlev Ipsen betont, dass es stets ein Aushandlungsprozess ist, in dem entschieden wird, welche Vorstellungen über einen Raum sich durchsetzen können. Sollte dies einen Bruch mit dem bisherigen Vorstellungsbild bedeuten, so hat diese Zäsur auch Auswirkungen auf die regionale Identität. Es muss eine neue Beziehung zwischen Vergangenheit und Gegenwart hergestellt werden, eine neue Kontinuität, da diese die wichtigste Voraussetzung für Identität ist.[68]

Die bedeutendsten Bestandteile des kollektiven Gedächtnisses der alteingesessenen West-Berliner (Ende der 1980er Jahre circa 20 Prozent der Bevölkerung) waren die gemeinsamen Erfahrungen aus den Jahren 1945 bis 1961: die Blockade, der 17. Juni 1953, das Chruschtschow-Ultimatum sowie der Mauerbau. Diese vier Ereignisse bildeten als mythologisierte Erzählung das Gedächtnis der Halbstadt.[69] Es war ein dezidiert antikommunistisches Gedächtnis, in dessen Narrativ die West-Berliner als erste Deutsche nach 1945 ihren Willen zu Freiheit und Demokratie bekundet hatten.[70] Diese Erzählung stiftete Identität und machte eine Aufgabe der Stadt, die erstmals im Umfeld der Blockade diskutiert wurde,[71] politisch unmöglich. Auf diese Generation folgten die Kinder der Luftbrücke, denen die Alliierten nicht mehr als Kriegsgegner begegnet waren und die den Mauerbau als prägendes Erlebnis in ihrer Jugend erlebt hatten. Der Vietnamkrieg weckte auch in einigen von ihnen Zweifel an der moralischen Vorbildhaftigkeit der USA, verursachte aber keinen grundsätzlichen Loyalitätsbruch. Für die nächste Generation gab es keine Zeit ohne Mauer; sie gehörte zum Stadtbild wie der Funkturm. Die DDR und Ost-Berlin kannten sie teils durch Familienbesuche, oft jedoch nur als triste Kulisse der Transitstrecke sowie aus Erzählungen der Eltern und Großeltern. Auf diese gebürtigen Berliner traf eine große Zahl Zugezogener aus Westdeutschland, denen die »Frontstadt-Mentalität« und der Antikommunismus der Alteingesessenen eher fremd waren. Elementare Bestandteile jeder berlinpolitischen Debatte waren dementsprechend zwei Aspekte, auf denen die Legitimität des Festhaltens an der Insel ruhte und deren zunehmendes Infragestellen für Turbulenzen sorgte: zum einen der Status der Stadt, der ihre Lebensfähigkeit garantiere, und zum anderen die Offenhaltung der deutschen Frage als Existenzberechtigung. West-Berlin hatte in dieser Vorstellung als Mahnmal zu dienen, da es nicht nur durch seine schiere Existenz an »schmerzhafte historische Ereignisse« erinnerte, sondern dieses Gedenken darüber hinaus »durch einen zusätzlichen, moralisch weitergehenden Anspruch« mit dem Appell, die Deutschen jenseits der Mauer nie zu vergessen, verbunden wurde.[72]

Auch die politische Klasse spaltete sich weitestgehend in die Lager aus Alt- und Neu-Berlinern und berief sich nicht selten bewusst auf die eigene Herkunft, um sich als Experte auszuweisen und die persönliche Interpretation der jüngsten Ereignisse zu legitimieren. So warf zum Beispiel Staffelt dem CDU-Politiker Elmar Pieroth, der die zahlreichen Übersiedler als ein Zeichen dafür sah, dass die DDR-Bürger »nicht eine bessere DDR wollen«, vor: »Sie wissen doch gar nicht, wovon Sie reden! Sie südrheinischer Winzer!«[73]

Während die CDU stets die für West-Berlin spezifischen Rituale von SPD und AL einforderte, verweigerten sich Teile dieser zunehmend der von ihnen als formelhaft erachteten Rhetorik. Als besonders hartnäckige Gegner einer Politik der Annäherung erwiesen sich in den Debatten des Abgeordnetenhauses sowie in der medialen Öffentlichkeit die CDU-Abgeordneten Uwe Lehmann-Brauns, Eberhard Diepgen, Klaus-Rüdiger Landowsky, Ekkehard Wruck, Dankward Buwitt und Jürgen Adler – sie alle waren zwischen 1938 und 1950 geboren worden und sind in Berlin aufgewachsen.[74] Ihnen gegenüber standen die AL-Abgeordneten, die zu einem auffällig großen Teil erst Ende der 1960er oder im Verlauf der 1970er Jahre nach West-Berlin gezogen waren.[75] Auch wenn eine solch strikte Unterscheidung nach Parteien – speziell hinsichtlich der SPD, die in West-Berlin historisch eine besondere Rolle gespielt hatte – nie in Gänze möglich ist, kann dennoch ein Blick auf die Biografien der Akteure zum Verständnis der politischen Kultur Ende der 1980er Jahre beitragen. Walter Momper war ebenfalls erst in den 1960er Jahren nach West-Berlin gekommen, hatte an der Freien Universität unter anderem am Otto-Suhr-Institut studiert und lebte mit seiner Familie in Kreuzberg – damit hatte er eigentlich eine typische AL-Biografie, was eventuell seine zum damaligen Zeitpunkt noch nicht unbedingt selbstverständliche Offenheit für eine rot-grüne Koalition verstehen helfen kann. Dass biografische Parallelen nicht zwangsläufig auch identische Erfahrung und Deutungsmuster bedingen, verdeutlicht ein Blick auf denjenigen, der die Strategie der politischen Annäherung am vehementesten vertrat: Harry Ristock hatte, wie auch die genannten CDU-Politiker, das noch ungeteilte Berlin erlebt, war jedoch etwas älter und daher früher politisch aktiv gewesen. Ristock, 1928 in Ostpreußen geboren, war zeitgleich zu seiner SPD-Mitgliedschaft Landesvorsitzender der sozialistischen Jugendbewegung *Berliner Falken* gewesen, hatte die Verfolgung der Organisation in der SBZ/DDR miterlebt und war 1948 in die Westsektoren übergesiedelt. Dort hatte er sich für einen demokratischen Sozialismus eingesetzt und sich unter anderem im Umfeld des Aufstandes vom 17. Juni 1953 engagiert.[76] Als bekennender Sozialist kritisierte »der rote Harry«, so sein Spitzname im Berliner Volksmund, die SED-Diktatur aus einer linken Perspektive: »Das, was die SED-Funktionäre für Marxismus hielten, war für mich autoritär, zum Teil totalitär.«[77] Ristock hatte – und hier liegt der wichtigste Unterschied zwischen ihm und den jüngeren Abgeordneten – in den 1940er und 1950er Jahren bereits erfahren müssen, wozu die Gesprächsverweigerung zwischen Ost und West führen konnte, und bevorzugte daher die Kooperation anstelle der Konfrontation. Auch sein politischer Partner, Alexander Longolius, war 1935 in Berlin geboren worden. Der SPD-Fraktionsvorsitzende Ditmar Staffelt, der auch an den Gesprächsrunden zwischen SED und West-Berliner SPD teilnahm, war 1949 in Berlin geboren worden und hatte ab 1969 an der Freien Universität studiert – jedoch nicht wie seine CDU-Kritiker an der Juristischen Fakultät, sondern am Otto-Suhr-Institut, einer Hochburg der Studentenbewegung, mit der auch Ristock sympathisiert hatte.[78]

Aus der Erfahrung der Zeit zwischen Kriegsende und Mauerbau wurden durchaus unterschiedliche Schlussfolgerungen gezogen. Was jedoch die Akteure, die im Berlin der Nachkriegszeit sozialisiert waren, teilten, war ihre entschiedene Ablehnung der Herrschaftspraxis des SED-Regimes, und ein vereinigtes Berlin lag für sie im Rahmen des Vorstellbaren und Anzustrebenden. Dies sollte dafür sorgen, wie später zu zeigen sein wird, dass bereits ab April 1989 ein Großteil der Debatten des Abgeordnetenhauses zu den Entwicklungen in der DDR in einem verbalen Schlagabtausch zum Festhalten an der deutschen Einheit als politischem Ziel endete.[79] Doch die Erinnerung an jene krisengeschüttelten Jahre, die ebenfalls von einer Fluchtwelle und niedergeschlagenem Protest geprägt waren, weckte auch Ängste: Man zog Parallelen zur Gegenwart und stellte voller Sorge fest, dass eine vergleichbare Entwicklung einst zum Bau der Mauer geführt hatte. Die Befürchtung einer erneuten Eskalation prägte daher den Erwartungshorizont speziell der alteingesessenen Berliner und legte zwei unterschiedliche Schlussfolgerungen nahe: Die einen versprachen sich von einer Unterstützung der SED die Chance, eine Wiederholung des 17. Juni 1953 vermeiden zu können. Andere hofften, dass die rapide Erosion der SED-Herrschaft, die massenhafte Flucht und die prekäre wirtschaftliche Lage mittelfristig die Wiedervereinigung als einzige Alternative erscheinen lassen würden. Teile des linken Milieus wiederum erachteten den Mut der DDR-Bürger als vorbildlich und Zeichen für eine bevorstehende gesamtdeutsche Revolution – durchgeführt in zwei separaten Staaten.

Politische Annäherung als Resultat einer Sinnkrise

Im Laufe der 1960er und 1970er Jahre hatte sich Berlin zum Mekka für junge Menschen entwickelt, die aus dem Bundesgebiet in die Stadt strömten, unter anderem, um von dem Entmilitarisierungsgesetz zu profitieren und dem Wehrdienst zu entgehen.[80] Sie ließen in der Mauerstadt eine links-alternative Szene erblühen, die das Bild der Stadt veränderte. Auch das Vier-Mächte-Abkommen[81] trug zu dieser Entwicklung bei, denn nicht mehr »das Berlin-Problem« bestimmte die lokale Politik, sondern »die Probleme Berlins rückten in den Mittelpunkt«. Die neue Zeit verlangte nach neuen Konzepten, die jedoch in der seit 1948 durchgehend regierenden Berliner SPD nicht zur Hand waren.[82] Doch auch der 1981 folgende CDU-Bürgermeister, Richard von Weizsäcker, konnte die Probleme der Stadt nicht lösen: »Filz, Wirtschaftskrise, Unruhe an den Universitäten, Stagnation im Wohnungsbau, Selbstbedienung bei der Postenvergabe« stellten die Krisenherde West-Berlins dar.[83]

Die zahlreichen Veröffentlichungen im Umfeld des 750. Stadtjubiläums im Jahr 1987 geben Auskunft über die politische Bedeutung West-Berlins in jenen Jahren, über die Sinnzuschreibungen, die seitens der Bundesrepublik und der DDR erfolgten. Für die SED stellten die Feierlichkeiten den Höhepunkt der öffentlichen Distanz zu West-Berlin dar. So verschwand in diesem Jahr die westliche Hälfte von den Ost-Berliner S-Bahnplänen – Potsdam lag nun direkt neben dem Bezirk Mitte.[84] Ost-Berlin zelebrierte das Jubiläum weniger als Stadt-, denn als Staatsfeier. Das aus diesem Anlass verfasste Buch des Oberbürgermeisters Krack erwähnt die westliche Hälfte der Stadt mit keinem Wort.[85] Verschiedene Regelungen, die lange davon gezeugt hatten, dass auch Ost-Berlin einen Sonderstatus innerhalb der DDR hatte, waren zu einem großen Teil schon im Verlauf der 1970er Jahre abgeschafft worden.[86] Die Folge war eine politisch-rechtliche Asymmetrie zwischen beiden Stadthälften, die seitens der West-Berliner Politik besonders beklagt wurde.[87]

Im bundesdeutschen Diskurs lassen sich für die späten 1980er Jahre drei Topoi feststellen: 1.) Berlin als störendes Relikt des Kalten Krieges im Entspannungsprozess, 2.) Berlin als übersubventionierte Stadt ohne Perspektive, 3.) Berlin als künftige Brücke zwischen Ost und West in einem geeinten Europa. Man hatte auf eine Normalisierung der Lage in West-Berlin und des Verhältnisses zur DDR gehofft, doch die schiere Existenz der westlichen Stadthälfte ließ dies nicht zu; auch »durch ihre Lebensweise, ihre Wahlergebnisse, ihre elektronischen Medien und ihre Besucher in der DDR« stand sie der politischen wie mentalen Vollendung der deutschen Teilung im Weg.[88] Gerade dies machte West-Berlin in der Zeit der Entspannung zu einem Hindernis. »Berlin war durch die Spannung groß geworden, mit zunehmender Entspannung mußte seine Bedeutung nachlassen; es verlor seine Funktionen. Wenn Ausgleich gesucht wird, ist eine Frontstadt nicht mehr gefragt«, so Peter Bender.[89] Welchen Zweck hatte die Inselstadt, deren Existenzberechtigung die Offenhaltung der deutschen Frage sein sollte, in einer Zeit, in der nur noch eine Minderheit der Bevölkerung an eine Wiedervereinigung in absehbarer Zeit glaubte?[90]

Peter Bender sei hier noch einmal als charakteristische Stimme jener Jahre angeführt:

> Zwei deutsche Staaten als Dauerzustand waren vorstellbar, aber zwei Berlins? (…) Die Berliner (aber nicht sie allein) zogen daraus den Schluß, die Westinsel im Osten symbolisiere nicht nur die Ungelöstheit der deutschen Frage, sondern müsse deren Lösung auch erzwingen. Inzwischen weiß beinahe jeder, daß es umgekehrt ist: Deutschland wird auf absehbare Zeit geteilt bleiben, und West-Berlin muß sehen, welche Zukunft es im geteilten Deutschland findet.[91]

Die Zahl derer, die der Einheit politische Bedeutung zumaßen, war bis zum Ende der 1970er Jahre kontinuierlich gesunken. Der Wunsch bestand zwar weiterhin, allerdings eher als »diffuses Gefühl der Verbundenheit«, welches dominiert wurde von dem »Glaube(n) an die Zementierung der deutschen Teilung«.[92]

Zwei Jahre vor dem Fall der Mauer hielten nur noch drei Prozent der Bundesbürger eine Wiedervereinigung Deutschlands für wahrscheinlich.[93] Auffällig unterschieden sich die Umfrageergebnisse der verschiedenen Generationen: Die unter 30-Jährigen sprachen sich nur zu 47 Prozent für eine Einheit aus,[94] 51 Prozent erachteten die DDR als Ausland.[95] West-Berlin sollte die Antwort auf eine Frage bieten, die zunehmend seltener gestellt wurde.[96] Ein vom Deutschen Akademischen Austauschdienst empfohlenes Buch aus dem Jahr 1985 mit dem programmatischen Titel *Berlin. Eine Stadt auf der Suche nach ihrer Identität* belegt den distanziert kritischen Blick auf die Insel:

> Pessimisten verweisen darauf, dass schließlich nicht nur in Berlin ein Kulturleben stattfindet, dass Skandale dem Ruf geschadet haben und dass Berlin an einer künstlichen Nabelschnur mit ungewisser Zukunft hängt. Aus der Stadt kommen nicht mehr die gewohnten prägenden Impulse. (...) Nur mit dem Bekenntnis »Ich bin ein Berliner« jedenfalls lässt sich die Rolle Berlins nicht mehr definieren. Und Schaufenster des Westens ist West-Berlin auch nur unter Vorbehalt. Die tolerante Gelassenheit und die Tristesse der Großstadt sind alles andere als repräsentativ für die Verhältnisse im Bundesgebiet.[97]

Die Berliner Sinnsuche stand nicht für sich allein, sondern fiel in eine Phase, in der auch die Bundesrepublik eine Wiederbelebung der deutschen Frage erlebte, wie Karl-Rudolf Korte aufgezeigt hat.[98] Schubkraft der Debatte im Umfeld des NATO-Doppelbeschlusses war die Sicherheitspolitik und mit ihr verknüpft die Frage nach der Souveränität der Bundesrepublik.[99] Ein wichtiger Bestandteil der Überlegungen war die Sorge, das doppelte Deutschland könne, zum Spielball der Supermächte degradiert, der Austragungsort atomarer Auseinandersetzungen werden.[100] Darüber hinaus hatte der Unfall im Kernkraftwerk Tschernobyl im Jahr 1986 verdeutlicht, dass die Risiken der Zeit grenzenlos und systemübergreifend waren.[101] Berlin, im Zentrum der Auseinandersetzungen gelegen, nahm hier eine besondere Rolle ein, wie der Regierende Bürgermeister Eberhard Diepgen in seiner 1987 verfassten und 1989 veröffentlichten Analyse zur Berlin-Politik unterstrich: »Die Lage Berlins erfordert die Fähigkeit und die Bereitschaft zum Dialog mit der anderen Seite.«[102] Hier zeigt sich eine pragmatische und wenig ideologisch aufgeladene Denkweise: Wer die Teilung als gegeben akzeptiert, der kann zumindest kleine Verbesserungen erzielen. Auch die DDR war zu Kompromissen gezwungen – finanziell sowie aus politischen Gründen infolge der Unterzeichnung der KSZE-Schlussakte und des Wandels in der Ära Gorbatschow. Es waren nicht mehr die alten Feindbilder und die rigorose Abschottung, die die Politik beider deutscher Staaten Ende der 1980er Jahren bestimmten.[103]

»Mr. Gorbachev, open this gate! Mr. Gorbachev, tear down this wall!«, forderte US-Präsident Ronald Reagan am 12. Juni 1987 vor dem Brandenburger Tor. Diese Rückkehr zu einer Rhetorik aus Kennedy-Zeiten und eine parallele Initiative zur Ausweitung des Flugverkehrs von und nach Berlin waren der Anlass für eine Berlin-Analyse[104] seitens der SED. Das von Hermann Axen vorgelegte Papier verdeutlicht den strategischen Wandel: Das Ziel sei es zu verhindern, dass West-Berlin wieder »als internationales Störzentrum gegen die DDR und die gesamte sozialistische Staatengemeinschaft« aktiv werden könne. Daher sei besonders der Absicht, mittels West-Berlin die deutsche Frage offen zu halten, »wirkungsvoll zu begegnen«.[105] Das beste Mittel hierfür sei ein am Kompromiss orientierter Interessenausgleich. Axen empfahl, auf die spezifischen Interessen West-Berlins einzugehen: »Sie sind beeinflußbar und als Anknüpfung für die grundlegenden Ziele sozialistischer Politik zu nutzen.«[106] Der Berliner Senat interessiere sich verstärkt für eine Zusammenarbeit mit der DDR, denn »[d]ie Dialektik besteht darin, daß ungeachtet der gegen die DDR und gegen den Sozialismus insgesamt gerichteten Absichten des Westens in der Praxis nur dann erfolgreiche Politik in Westberlin betrieben werden kann, wenn im Verhältnis zum sozialistischen Umfeld eben nicht die Konfrontation, sondern der Ausgleich gesucht wird«[107].

Axen wusste, dass solche Annäherungsversuche von einer SPD-Regierung in West-Berlin positiv aufgenommen werden würden, denn seine Vorschläge waren nahezu deckungsgleich mit einem Konzept, das Harry Ristock am 12. September 1986 einer Gesprächsrunde aus SPD- und SED-Vertretern präsentiert hatte. Ristock hatte den Mangel an Perspektiven für West-Berlin beklagt; im Gegensatz zu Ost-Berlin »segele Westberlin als Provisorium noch immer im Windschatten der Geschichte« und drohe, einem Verschleiß anheim zu fallen.[108] Dies sei vermeidbar durch eine intensive Kooperation beider Stadthälften, durch Unternehmens-Partnerschaften, eine Ausweitung des Tourismus in die DDR sowie durch »normalitätsfördernde Maßnahmen« auf den Gebieten von Kultur und Sport.[109]

Da Rettner und Axen eng zusammenarbeiteten,[110] muss davon ausgegangen werden, dass Axen diese Pläne bekannt waren. Der Maßnahmenkatalog wurde zu einem großen Teil umgesetzt oder befand sich 1989 in Planung. Man sicherte der Berliner SPD ein Entgegenkommen zu und diese konnte mit den Erleichterungen für sich werben.[111]

Kooperation statt Konfrontation

Das Jahr 1989 begann für West-Berlin mit innenpolitischen Neuerungen, denn es standen die Wahlen zum Abgeordnetenhaus an. Eine Umfrage der Forschungsgruppe Wahlen verdeutlichte die Probleme der Stadt: Oberste Priorität hatte für die Wähler die Bekämpfung der Wohnungsnot und der hohen Mieten (22,2 Prozent). 64 Prozent der Befragten waren mit der Situation auf dem Wohnungsmarkt unzufrieden, besonders Wähler von SPD (72 Prozent) und AL (82 Prozent). Es folgte der Wunsch nach einer Eindämmung der hohen Arbeitslosigkeit (17,3 Prozent) sowie nach Ideen für den Umgang mit der stetig steigenden Anzahl an Aussiedlern und Asylbewerbern (12,9 Prozent), deren Bevölkerungsanteil 1987 bei 11,1 Prozent lag, während er im Bundesgebiet nur 6,8 Prozent betrug. Diese Sorgen überlagerten die Angst vor einer militärischen Bedrohung der Stadt: Die Entspannung zwischen Ost und West gaben nur noch 7,3 Prozent der Befragten als Anliegen an. Nur 13 Prozent erachteten die Freiheit der Stadt als gefährdet – zwei Jahre zuvor waren es noch 38 Prozent gewesen. Dennoch wünschten 78 Prozent weiterhin die Präsenz der Alliierten.[112] Die West-Berliner erwarteten von ihrer künftigen Regierung, dass sie sich um innerstädtische statt um deutschlandpolitische Probleme kümmere, da die Situation weder als bedrohlich noch als veränderbar erachtet wurde.

Aufgrund der Beliebtheit des bisherigen Regierenden Bürgermeisters Diepgen überraschte das Resultat der Wahlen am 29. Januar 1989: Die CDU konnte nur einen 0,4 Prozent höheren Stimmanteil für sich verbuchen als die SPD. Da die FDP nur 3,9 Prozent erzielte, war ein weiteres Regieren für die CDU nicht möglich, nachdem die SPD einer Großen Koalition die Absage erteilt hatte.[113] Die rechtsextreme Partei Die Republikaner (REP) hatte 7,5 Prozent der Wählerstimmen erhalten. Auch zahlreiche Wähler von CDU und SPD hatten ihre Stimme dieses Mal den REP gegeben, um deutlich zu machen, dass man eine Lösung der sogenannten »Asylfrage« erwartete.[114] Ein großer Teil der REP-Wähler sah durch die starke Zuwanderung den eigenen Status gefährdet. Es waren zumeist Facharbeiter und kleinere Angestellte zwischen 40 und 60 Jahren, aber auch viele jüngere Menschen zwischen 18 und 25 Jahren mit einfacher bis mittlerer Schuldbildung, die sich um die Verteilung von Sozialwohnungen sowie um eine verschärfte Konkurrenz auf dem Arbeitsmarkt sorgten.[115] Diese Ängste beeinflussten die Bewertung der Massenflucht aus der DDR und die Aufnahmebereitschaft in West-Berlin.

Rot-rot-grüne Koalitionsgespräche

Die SED-Regierung verfolgte aufmerksam das Wahlergebnis sowie die Koalitionsgespräche und sah sich für den unverhofften Erfolg des linken Parteienspektrums mitverantwortlich: »In diesem Sachverhalt zeigt sich, daß die Politik des Dialogs und der Herstellung gutnachbarschaftlicher Beziehungen zwischen der DDR und Berlin (West) Früchte trägt und SPD sowie Alternative Liste für ihre Wahlergebnisse daraus Nutzen ziehen konnten.«[116] Wenige Tage nach der Wahl, am 2. Februar 1989, schlug Harry Ristock Gunter Rettner vor, die SED solle der Berliner SPD ein Non-Paper mit Angeboten zu einer weiteren Zusammenarbeit zustellen. Ein solches Papier war auch Diepgen übergeben worden, allerdings hatte es sich auf »Einzelfragen der praktischen Zusammenarbeit« beschränkt.[117] Rettner empfahl Honecker, die Idee aufzugreifen, »wenn auch mit aller gebotenen Vorsicht«[118]. Fünf Tage später bestätigte Siegfried Ransch die Ausarbeitung des gewünschten Papiers, man sei zu einer neuen »Qualität der Beziehungen« bereit. Ristock, so Rettners Bericht, habe auf seine Erklärung von 1983 verwiesen, demgemäß West-Berlin nicht länger »Pfahl im Fleische der DDR« sein dürfe.[119]

Der Entwurf des Non-Papers basierte auf der Analyse Axens vom November 1987.[120] Außenminister Oskar Fischer stimmte das Papier mit dem sowjetischen Botschafter Wjatscheslaw Kotschemassow ab,[121] doch das sowjetische Außenministerium verlangte noch eine kleine, jedoch bedeutende Änderung. Das Politbüro hatte West-Berlin Zuverlässigkeit signalisieren wollen und war zu einem Zugeständnis bereit, welches über die vergangenen Jahre hinausging: »Die DDR als unabhängiger, souveräner Staat bekräftigt, daß sie zu keiner Zeit, ganz gleich unter welchen Umständen, etwas unternehmen wird, um die Verbindungen von Berlin (West) zur BRD zu schwächen.«[122] Die Sowjetunion ließ bezeichnenderweise das Wort »unabhängig« streichen und schwächte die Zusicherung in Gänze ab, »da es unmöglich sei, alle künftigen Entwicklungen vorher zu sehen«.[123] Das am Abend des 9. Februar 1989 der SPD übergebene Papier betonte einleitend, dass die DDR für »Berechenbarkeit, gegenseitiges Vertrauen und Verläßlichkeit« hinsichtlich der Beziehungen zu West-Berlin sei und sich eine »gute Nachbarschaft« auf Basis der »Respektierung der bestehenden Realitäten« wünsche.[124] Diese Formulierungen fanden Eingang in zahlreiche Reden der SPD im Jahr 1989. Die SED stellte Kontakte auf allen politischen Ebenen in Aussicht, selbst ein Treffen beider Berliner Bürgermeister sei möglich.[125] Dies war ein absolutes Novum, hatte solch eine Begegnung bis dato offiziell noch nie stattgefunden.[126] Darüber hinaus signalisierte die SED-Führung die Bereitschaft, ein enges Netz an Kooperationen auf wirtschaftlicher, infrastruktureller, kultureller und ökologischer Ebene mit West-Berlin zu knüpfen, und versprach die Genehmigung langersehnter Reiseerleichterungen. Diese Angebote waren mit wenigen, dafür aber umso heikleren Forderungen verbunden: Unter anderem sollten der Verlauf der Staatsgrenze anerkannt und »ständige Beauftragte beider Seiten auf der politischen Ebene«, kurz Botschafter, ausgetauscht werden. Diese beiden Forderungen konnten aus statusrechtlichen Gründen nicht akzeptiert werden.[127] Der SED wurde schließlich auch das Koalitionsprogramm von SPD und AL übergeben[128] und angeboten, die Regierungserklärung Mompers hinsichtlich der deutschland- und berlinpolitischen Ziele gemeinsam abzustimmen.[129] Als Gast auf dem Sonderparteitag der SPD anwesend erhielt Rettner die Zusicherung, Momper werde Teile des Papiers in seiner Regierungserklärung aufgreifen.[130]

Trotz der weitreichenden Absprachen mit der SED für den Fall einer rot-grünen Koalition hingen die Verhandlungen zwischen SPD und AL an einem seidenen Faden. Die SPD benannte *three essentials* und forderte die AL auf, sich vorab zu ihnen zu bekennen: Erstens dürften der Status der Stadt und die alliierte Präsenz, zweitens die Rechtseinheit mit der Bundesrepublik und drittens das staatliche Gewaltmonopol nicht infrage gestellt werden.[131]

Diese Prämissen entstammten einem von Ristock erstellten und von Hans Apel erweiterten Katalog.[132] Die Koalitionsvereinbarung vom 13. März 1989 zeigt die Gratwanderung zwischen dem Festhalten an Traditionen und dem Wunsch nach Veränderung:

> Grundlage der Lebensfähigkeit von Berlin (West) sind der Status der Stadt und die Anwesenheit der drei Mächte, die Bindungen zum Bund und Zugehörigkeit zur Europäischen Gemeinschaft. [...] Berlin (West) wird seine Zukunft im Rahmen einer europäischen Friedensordnung finden, die die

> Teilung Europas in zwei sich gegenüberstehende militärische Blöcke überwindet. Diese europäische Friedensordnung wird es in überschaubarer Zeit nur mit deutschen Staaten geben können, die ihre Existenz nicht gegenseitig in Frage stellen.[133]

Wie ein geteiltes Berlin in einem ungeteilten Europa aussehen und wie sich der Alltag in einer offenen Stadt, die zeitgleich zwei Systemen angehört, gestalten sollte, wurde nie thematisiert. Als Walter Momper am 13. April 1989 seine Regierungserklärung vortrug, war Rettner ebenfalls anwesend. Momper bat ihn im Anschluss um ein baldiges Gespräch mit Erich Honecker, da der Senat in den ersten hundert Tagen seiner Regierungszeit »vorweisbare Ergebnisse« brauche und man mit Verbesserungen im Reiseverkehr »die Hälfte der Westberliner Bevölkerung sofort hinter sich« hätte, denn »Schüsse an der Mauer würden die Westberliner nicht so beschäftigen. Fuchsig würden sie vielmehr bei den sogenannten kleinen Dingen des praktischen Lebens.«[134] So nüchtern dieser Satz auch klingen und so viel Entrüstung er heute wecken mag, er ist dennoch ein Zeugnis des Zeitgeistes. Wenige Monate zuvor hatte Erich Honecker anlässlich einer Tagung des Thomas-Müntzer-Komitees betont, die Mauer werde in 50 und auch in 100 Jahren noch bestehen. Am 5. Februar 1989 hatten Schüsse an der Mauer Chris Gueffroy bei einem Fluchtversuch das Leben gekostet; kurz darauf stürzte Winfried Freudenberg, der im Heißluftballon die DDR verlassen wollte, über West-Berlin ab. Am Tag vor der Regierungserklärung hatten sowjetische Truppen Unruhen in Georgien blutig niedergeschlagen, in deren Umfeld auch der Austritt aus der Sowjetunion gefordert worden war, und auch in Polen und Ungarn veränderten sich die politischen Konstellationen. In der DDR allerdings schien alles beim Alten zu bleiben und die Sowjetunion war noch lange nicht zur Preisgabe aller ihrem Machtterritorium zugehörigen Staaten bereit. Die Aussage Mompers verdeutlichte, dass man sich in West-Berlin mit den Gegebenheiten arrangiert hatte und sich durch die jüngsten Ereignisse weitestgehend bestätigt sah. Der Senat setzte auf die Dankbarkeit der West-Berliner, während die SED-Führung danach trachtete, sich als Vermittler zwischen den Blöcken positionieren zu können. Vor dem Hintergrund der zunehmenden Kritik an der Reformfeindlichkeit des DDR-Regimes sollten die Verhandlungen signalisieren, dass die DDR von politischer Bedeutung war und eine aktive Rolle im Entspannungsprozess einnahm.

Eine »inszenatorische Détente«

Mit Distanz zum Untersuchungsgegenstand stellt man ähnlich einem Ethnologen fest, dass es auch in der Zeitgeschichte, wie bei einer unbekannten Spezies, »von seltsamen Gebräuchen, eigenartigen Trachten und magischen Worten«[135] nur so wimmelt. Die für die Jahre 1989/90 wohl bekannteste »Tracht« war der rote Schal des Regierenden Bürgermeisters – ein Markenzeichen, welches in das kollektive Gedächtnis nicht nur der Berliner eingegangen ist. Viele der althergebrachten Rituale, die Teil der offiziellen West-Berliner Erinnerungskultur waren, wurden in den letzten Tagen West Berlins infrage gestellt, so dass man von einer »inszenatorischen Détente« sprechen kann.[136] Der *taz*-Redakteur Klaus Hartung hatte dies schon 1985 prophezeit: »Sollte die AL allein in die Nähe der Macht kommen, sterben schon vorweg eine Reihe der heiligen Berliner Kühe den Schocktod.«[137] Im Januar 1989 erkannte auch der Springer-Verlag den zweiten deutschen Staat an und verabschiedete sich von der orthografischen Praxis, die DDR in Anführungszeichen zu setzen.[138] Und Hilde Schramm (AL), Vizepräsidentin des Abgeordnetenhauses, weigerte sich am 25. Mai 1989, die 1955 von Willy Brandt eingeführten Mahnworte[139] zur Eröffnung der Sitzung vorzutragen:

> Zu einer Zeit großer Hoffnungen auf weitergehende Entspannungspolitik kann ich es nicht mit meinem politischen Gewissen vereinbaren, die Sitzungen des Abgeordnetenhauses mit einer Formel aus dem Kalten Krieg zu eröffnen. (…) Selbstverständlich wünsche ich, daß die Mauer abgebaut wird, aber die 7 Mahnworte zur Wiedervereinigung widersprechen der täglichen Politik, die auf der Akzeptanz der Zweistaatlichkeit basiert.[140]

Am 19. Januar 1990 wurde die Eröffnungsformel durch den Senat abgeschafft.[141]

Die West-Berliner rot-grüne Bürgerinitiative »Aktion 18. März« forderte im Sommer 1989, den »Tag der Deutschen Einheit« aus dem Festkalender zu streichen und ihn durch einen deutsch-deutschen Gedenktag zu Ehren der Revolution von 1848 zu ersetzen, da der 17. Juni nicht mehr zeitgemäß sei. Zudem sei der 18. März ein gesamteuropäischer Feiertag und würde somit dazu beitragen, den Grenzen ihren »trennenden Charakter« zu nehmen.[142] Der rot-grüne Senat stellte die Zahlungen an die Zentrale Erfassungsstelle in Salzgitter ein, die seit dem Mauerbau Unrecht seitens der DDR-Führung dokumentierte.

Sämtliche dieser Rituale waren der SED-Spitze seit jeher ein Dorn im Auge gewesen und ihre Abschaffung war mehrfach eingefordert worden, auch im Rahmen des Non-Papers.[143] Dieser politische Wandel geschah unter Protest der konservativen Parteien, deren Festhalten an den für das Selbstverständnis als Frontstadt konstitutiven Gebräuchen jedoch partiell groteske Züge annahm. Nachdem Momper Jugendliche einer FDJ-Reisegruppe empfangen hatte, wurde kritisiert, er habe mit »Vertretern einer Diktatur« gesprochen, ohne die Schüsse an der Mauer anzusprechen und das »Selbstbestimmungsrecht des deutschen Volkes« einzufordern[144]. Ein Abwägen der Relevanz des Protestes gegenüber der DDR war innerhalb der Sinnwelt der »Frontstadt« nicht möglich, das Verhalten der Akteure war habitualisiert. Doch auch die zunehmende symbolpolitische Entideologisierung war ein zweischneidiges Schwert: Einerseits eröffnete diese Handlungsweise Chancen auf eine weitere Erleichterung des Lebens in der ummauerten Stadt, andererseits barg der Verzicht auf die politische Mission der Stadt die Gefahr, ihre Legitimation zu untergraben.

Das Treffen zwischen Momper und Honecker

Bereits seit Februar hatte sich die Berliner SPD um ein Treffen zwischen Momper und Honecker bemüht. Vorab erhielt Dieter Schröder von DDR-Staatssekretär Frank Joachim Herrmann die Information, es sei derzeit nicht zu garantieren, dass alle Zusagen Honeckers auch im Apparat durchgesetzt werden würden. Trotz dieses so offensichtlichen Hinweises regte die Aussage den Senat nicht zu Überlegungen an, ob ein Machtwechsel bevorstehen könnte. Stattdessen entstand, um Druck erzeugen zu können, die Idee einer schriftlichen Fixierung des Besprochenen in Form einer gemeinsamen Presseerklärung,[145] die jedoch erst nach einem zähen Kampf zustande kam.[146] Die Korrekturphasen geben Aufschluss über Sichtweisen und Handlungsspielräume kurz vor dem Ende der Teilung.

Der von der SED erneut geäußerte Wunsch nach einer gemeinsamen Feststellung des Verlaufs der Staatsgrenze fand keine Berücksichtigung.[147] Es sollte auch der Eindruck vermieden werden, es handle sich um diplomatische Konsultationen ebenbürtiger Staaten.[148] Ein Streitpunkt war noch immer das Verhältnis West-Berlins zur Bundesrepublik. Die Senatskanzlei schlug die Formulierung vor, Erich Honecker »bekräftige für die DDR, daß sie die Bindungen zwischen Berlin (West) und der Bundesrepublik Deutschland stets in gebührender Weise berücksichtigen werde«. Die SED blieb wohl aufgrund der Erinnerung an die sowjetische Haltung bei der Ausarbeitung des Non-Papers standhaft und strich in vorauseilendem Gehorsam nicht nur das »stets«, sondern wollte auch weiterhin unter (Ver-)Bindungen keine politischen Beziehungen verstehen.[149] Diese Streitigkeit resultierte aus dem Umstand, dass das Vier-Mächte-Abkommen ursprünglich nicht ins Deutsche übersetzt worden war und das englische Wort »ties« beide Übersetzungen zulässt.[150] Die DDR sowie die Sowjetunion interpretierten es im Sinne von Verkehrsverbindungen, die Westmächte im Sinne einer politischen wie rechtlichen Anbindung.[151]

Die westlichen Alliierten empfanden einige Formulierungen »inappropriate« und »unacceptable«: »The frequency and context of reference to ›Berlin (West)‹, the ›Western sectors‹ of Berlin, and ›border crossings‹ give the appearance of moving towards the Soviet/GDR position on Berlin status and accepting the ›three state theory‹.«[152] Auch Bonn zeigte sich wenig begeistert.[153] Jegliches Entgegenkommen müsse mit einer Kritik am Schießbefehl verbunden und an konkrete Erwartungen geknüpft werden. Auch dürfe der Senat bei der Formulierung der Bindung an die Bundesrepublik nicht zurückweichen.[154] Hintergrund dessen war die Befürchtung, West-Berlin könnte den Außenvertretungsanspruch des Bundes untergraben.[155] Die Verhandlungen endeten nach über 20 Versuchen der Abstimmung[156] und Peter Füßlein notierte, er habe »den sicheren Eindruck gewonnen, daß ein Einvernehmen mit der Bundesregierung nicht mehr herzustellen ist«[157]. Bonn verweigerte die übliche Presseerklärung, in der man sonst solche Gespräche begrüßt hatte.[158]

Am 19. Juni trafen Walter Momper und Dieter Schröder, Senatssprecher Werner Kolhoff und der stellvertretende Leiter der Berlinpolitischen Abteilung, Dietrich Hinkefuß, im Schloss Niederschönhausen auf Erich Honecker, Frank-Joachim Herrmann, Gunter Rettner und Walter Müller. Die vereinbarten Tagesordnungspunkte umfassten langjährige Forderungen des Senats[159] und Honecker räumte ein, auch weitere Anregungen des Senats »wohlwollend auf ihre Realisierbarkeit« prüfen zu lassen. Es sei das Bestreben, »zur Festigung der Position der SPD/AL-Koalition in West-Berlin beizutragen«, wenn West-Berlin die bestehenden Realitäten anerkennen würde, denn »Gesamtberlin sei etwas Imaginäres«[160].

In der auf den Besuch folgenden Regierungserklärung betonte Momper, das Treffen habe die Stadt »in Richtung auf eine Normalisierung der Lage vorangebracht«. Die Strategie des Senats sei es daher auch weiterhin, »zu praktischen Regelungen« zu kommen und sich »des Dogmatismus und Formalismus« der üblichen Status-Debatten zu enthalten.[161] Besonders Eberhard Diepgen echauffierte sich daraufhin und warf Momper ein Handeln entgegen der Präambel des Grundgesetzes vor. Man würde »auf eine besondere Funktion für Berlin verzichten« und durch die Akzeptanz der Zweistaatlichkeit riskieren, den »Anspruch auf Solidarität« durch die »westliche Wertegemeinschaft« zu verwirken.[162] Ein Zuruf des CDU-Abgeordneten Buwitt bekräftigte die Abhängigkeit West-Berlins von dem Festhalten am Ziel der deutschen Einheit: »Sie stellen ja unsere Existenz in Frage, das ist ja unerhört!«[163] Tatsächlich war die Anerkennung der DDR gleichzeitig eine Existenzfrage in West-Berlin. Wozu sollten die Alliierten die Stadt schützen, wenn sie ein normales Verhältnis zu ihrem Umland pflegt? Warum sollte die Bundesrepublik jährlich mehrere Millionen DM zur Verfügung stellen, wenn West-Berlin seine Funktion als »demokratischer Vorposten« nicht mehr wahrnehmen würde? Letztere Befürchtung war durchaus berechtigt, hatte doch kurz zuvor Otto Graf Lambsdorff (FDP) anlässlich einer Aktuellen Stunde des Bundestags zur Situation in Berlin bereits gedroht, der Bund würde nicht jeden »rot-grünen Unsinn« finanzieren.[164] Insofern kann man das Infragestellen dieser berlinpolitischen Essentials durchaus als existenzgefährdend bezeichnen, versteht man dies als einen Entzug der wichtigsten identitätsstiftenden Merkmale der Stadt und geht man davon aus, dass die Halbstadt ohne Subvention nicht hätte überleben können. Was wäre West-Berlin ohne die Alliierten und das Besatzungsstatut? Dies impliziert zum einen die Frage nach der tatsächlichen und der empfundenen militärischen Bedrohung durch die Truppen des Warschauer Pakts und zum anderen die nach der Bedrohung durch das Verkommen der Sinnzuschreibung zu einer Leerformel. Gorbatschow hatte zu diesem Zeitpunkt noch nicht seine »Sinatra-Doktrin« verkündet. Die detaillierten Pläne der NVA zu einem Sturm auf West-Berlin – die Operation »Stoß«, später Operation »Zentrum/Mitte« – waren 1986 letztmalig aktualisiert und 1988 in eine defensive Strategie umgewandelt worden: West-Berlin sollte im Fall einer kriegerischen Auseinandersetzung »zunächst eingeschlossen«, jedoch nicht mehr wie einst geplant »im Handstreich oder mit ›kühnem Angriffsschwung‹ genommen werden.«[165] Dass ein Großteil der West-Berliner sich nicht mehr bedroht fühlte, hatte die Umfrage der Forschungsgruppe Wahlen 1989 verdeutlicht. Doch wie stand es um die Angst, keine Antwort auf die städtische Identitätsfrage zu finden? Welchen Sinn hätte die hoch subventionierte Insel in einer Zeit ohne Systemkonkurrenz gehabt? Diese Frage beschäftigte, wie eingangs geschildert, die Berliner nicht erst 1989 und es war diese Unsicherheit, die den Senat neue Wege hin zu einer »Normalisierung« einschlagen ließ, um West-Berlin eine Zukunftsperspektive in einem friedlichen Europa bieten zu können.

Die Presse äußerte sich dementsprechend positiv zu den Verhandlungen des Senats mit der DDR. Lediglich Diepgen und die REP wurden von der *Bild-Zeitung* und der *Berliner Morgenpost* als Skeptiker genannt, die sich zwar über die Erfolge freuten, die kritische Distanz aber vermissten. Die meisten Berichte betonten die Kontinuität der Gespräche mit der SED-Führung und deren Herbeiführung durch die Berliner CDU. Die Reiseerleichterungen, die spontane Besuche im Umland ermöglichen sollten, wurden durchweg begrüßt.[166] Die *Berliner Morgenpost* zitierte West-Berliner Urgestein Harald Juhnke: »Eine tolle Sache! Da ich mir nicht vorstellen kann, daß morgen die Mauer fällt, kann ich nur sagen: Jede Durchlässigkeit ist ein großer Erfolg!«[167] Im Sommer 1989 war es allgemeiner Konsens, dass die Teilung weiterhin Bestand haben würde.

Wenige Wochen nach dem Treffen begannen auch die Planungen für einen vereinbarten kommunalpolitischen Erfahrungsaustausch. Die SED verfolgte mit der Dialogpolitik eindeutige Ziele: die »Zurückdrängung von Auffassungen der angeblichen Existenz eines ›Groß-Berlin‹« sowie die »Propagierung der Entwicklung und Politik in der DDR, zum Abbau der Bedrohungslüge und zur Vermittlung eines realistischen Sozialismus-Bildes«.[168] Die Bezirksvertreter sollten über Initiativen für Frieden und Abrüstung, den Ausbau der Demokratie und die politische Mitbestimmung der Bürger beraten sowie sich über soziale, städtebauliche und ökologische Fragen austauschen.[169] Darüber hinaus sollten die Ost-Berliner Bezirke die Notwendigkeit der »Bekämpfung des Neofaschismus« betonen und die »Kultur des politischen Streits, den Abbau von Vorbehalten, Zerrbildern und Klischees des kalten Krieges« – eine dem SPD-SED-Papier entnommene Wendung – fördern.[170] Die Pläne verdeutlichen noch einmal, dass auch die SED keine Konfrontationen mehr wünschte.

Zusammenfassend lässt sich festhalten, dass in der ersten Hälfte des Jahres 1989 drei Begriffe den West-Berliner Diskurs hinsichtlich des Verhältnisses zur DDR dominierten: 1) die gute Nachbarschaft, 2) die Normalisierung der Lage und 3) Grenzen, denen der »trennende Charakter« genommen werde. Die »gute Nachbarschaft« stand symbolisch für die Akzeptanz der Teilung. Eine Normalisierung der Lage bedeutete das Festschreiben dieses Zustandes, der trotz seiner Anomalität als normal empfunden wurde und in dessen Folge das politische Ziel nicht mehr die Überwindung, sondern die einvernehmliche Regelung war. Die Formulierung, die wohl am befremdlichsten wirkt, ist das Oxymoron der Grenzen, die nicht trennen. Öffentlich thematisiert wurde dieser so offensichtliche Widerspruch nicht. Wie kann eine Grenze, die per definitionem dazu dient, das eine vom anderen zu trennen, genau diesen Charakter verlieren, ohne – denn darauf wird nicht eingegangen – ihre Existenz einzubüßen? Die eigenwillige rhetorische Figur zeigt die Widersprüchlichkeit der Situation: Einerseits wurde die Existenz des zweiten deutschen Staates und seiner Hauptstadt mehr und mehr akzeptiert, andererseits durfte dies nicht sein. Die Forderung nach einer Aufhebung der Grenze hätte dem Dialog mit der DDR im Weg gestanden. Die endgültige Anerkennung der Grenze hingegen war für West-Berlin weder möglich noch denkbar, da dies die Existenzfrage berührt hätte. Das Bild der nicht-trennenden Grenze steht somit stellvertretend für den Wunsch, nicht mehr hinter das Erreichte zurückzufallen, ohne eine konkrete Vorstellung von der Zukunft zu haben. Ungeachtet aller Entwicklungen in der DDR näherten sich West- und Ost-Berlin somit bis zum Spätsommer 1989 einander mehr an als jemals zuvor. Das Entgegenkommen der SED wurde als Signal für die viel zitierte »Normalisierung« der Lage gedeutet, nicht als Beginn des Zusammenbruchs ihrer Macht. Dementsprechend agierte der West-Berliner Senat nicht konfrontativ, sondern kooperativ. Der Legitimitätsverfall der Staatspartei wurde nicht bemerkt. Das doppelte Berlin schritt voran auf dem Weg zu einem friedlichen Nebeneinander – wäre da nicht eine parallele Entwicklung gewesen: In Massen kehrten die DDR-Bürger ihrem Staat in diesem Jahr den Rücken zu. Am Tag nach der Verabschiedung des Strategiepapiers für den kommunalen Austausch schloss die Ständige Vertretung der Bundesrepublik in Ost-Berlin: 130 DDR-Bürger hatten das Gebäude besetzt, um ihre Ausreise zu erzwingen.

Exodus nach West-Berlin. Übersiedler, Aussiedler, Asylbewerber

Eines der größten Probleme der westlichen Halbstadt war die seit Jahrzehnten herrschende Wohnungsnot. Von 2,1 Millionen West-Berlinern waren über 95.000 als Wohnungsbewerber registriert, 22.000 besaßen einen Wohnberechtigungsschein mit Dringlichkeit und die Behörden nannten eine Zahl von über 12.000 Obdachlosen. Im August 1989 mangelte es an 30.000 Wohnungen.[171] Hierin war unter anderem die Ablehnung eines weiteren Zuzugs ausländischer Mitbürger durch einige West-Berliner begründet. Hinzu kamen Ressentiments gegenüber den zahlreichen polnischen Bürgern, die die neue Reisefreiheit für den Handel nutzten und den sogenannten »Polenmarkt« etabliert hatten, gegen den schon der vorherige Senat erfolglos gekämpft hatte. Eine am 15. April 1989 verabschiedete Regelung, der zu Folge jeder polnische Tourist pro Tag seines Aufenthaltes in der Bundesrepublik 50 DM Devisen nachweisen musste, hatte die Situation in West-Berlin, wo dies nicht galt, noch verschärft.[172] Es herrschte eine negative Grundstimmung gegenüber jeglicher Zuwanderung, als die Ausreise aus der DDR zu einem Massenexodus wurde.

Schon früh bekam West-Berlin diese Entwicklung zu spüren: In den ersten sechs Monaten des Jahres 1989 kamen 8.835 ostdeutsche Übersiedler nach West-Berlin.[173]

1989	Aussiedler	Übersiedler
Januar	804	856
Februar	829	1008
März	880	1075
April	1083	1185
Mai	958	2274
Juni	1774	2437
Juli	1458	2685
August	1154	3263

Übersicht der nach West-Berlin gekommenen Aus- und Übersiedler 1989.[174]

Der sogenannte »Polenmarkt« am Reichpietschufer 1988.

Im Verlauf des Jahres 1989 flüchteten 344.000 DDR-Bürger, davon etwa 16 Prozent nach West-Berlin. Zwischen Januar und Oktober 1990 kamen weitere 260.000 Flüchtlinge in die Bundesrepublik.[175] Gemessen an der bundesweit festgelegten Quote in Abhängigkeit von der Bevölkerungszahl der Länder hätte West-Berlin nur 2,7 Prozent aufnehmen müssen. Die Sozialsenatorin Ingrid Stahmer erreichte im Juni 1989, dass West-Berlin keine Übersiedler mehr aufnehmen musste, die keine »berücksichtigungsfähigen Bindungen« an die Stadt nachweisen konnten.[176] Dies löste das Problem allerdings nicht, denn ein Großteil der eintreffenden Flüchtlinge konnte solche Bindungen geltend machen. Viele kamen aus Ost-Berlin und zogen ein Leben in der Heimatstadt einem Umzug in die Bundesrepublik vor.[177] Den großen Anteil an Ost-Berlinern belegen die Statistiken des MfS: Im ersten Halbjahr 1989 waren 4.775 Ost-Berliner offiziell ausgereist, weitere 9.753 Anträge warteten auf eine Entscheidung.[178] Von 979 Fällen des ungesetzlichen Verlassens der DDR durch Ost-Berliner Bürger wusste das MfS, 379 Fluchten hatte es laut eigener Angabe verhindern können.[179] Zwischen September 1989 und Januar 1990 belegte Ost-Berlin stets den zweiten bis vierten Platz in den Listen zu »Außenwanderungsverlusten« der DDR nach Bezirken.[180] Die meisten Ost-Berliner verließen in den Monaten November (6.795) und Dezember (6.528) 1989 die DDR.[181]

Im flächenmäßig begrenzten West-Berlin war die Situation verheerend: In 300 Notquartieren – unter anderem in Turnhallen, den Messehallen am Funkturm, Jugendherbergen und beschlagnahmten Wohnungen[182] – standen im November 23.000 Betten bereit.[183] Ende Oktober 1989 kürzte der Berliner Senat die, mit den Worten Ditmar Staffelts, »unbegründbare Bevorzugungen für Aus- und Übersiedler«[184]: Außer einer Starthilfe von 250 DM entfiel jegliche finanzielle Unterstützung, auch die Umzugsbeihilfe; die kostenlose Nutzung der öffentlichen Verkehrsmittel wurde auf einen Monat reduziert.[185] Am 26. Oktober 1989 mahnte Walter Momper in einer Regierungserklärung: »Wir müssen jetzt schon denken, als ob es die Blockgrenze und die Mauer nicht mehr gäbe.«[186] Bei der Interpretation dieser Aussage darf man sich nicht von der Teleologie verführen lassen; er bezog sich auf die Kommunalpolitik in einer Stadthälfte, deren Pendant zwar nicht mehr durch Mauer und »Todesstreifen« abgetrennt, aber dennoch einem anderen Staat zugehörig war: Aufgrund des massiven Zuzugs müsse ein umfassendes Wohnungsbauprogramm gestartet und die Schaffung weiterer Kindergartenplätze sowie die Einstellung von Lehrern forciert werden. Der Senat rechnete mit weiteren Übersiedlern, aber noch immer nicht mit dem Ende der DDR.

Der politische und mediale Migrationsdiskurs in West-Berlin

Für das Verständnis der Debatten des Jahres 1989 ist die Differenzierung zwischen Aussiedlern, Übersiedlern und Asylbewerbern von Bedeutung. Unter Aussiedlern verstand man bis 1992 Einreise Begehrende, die vor 1945 in den einstigen deutschen Gebieten östlich der Oder-Neiße-Linie geboren worden waren sowie deren Nachfahren und Angehörige.[187] Übersiedler war der Terminus für Menschen, die ihren Wohnsitz aus der DDR in die Bundesrepublik verlegten. Bei diesen beiden Gruppen handelte es sich in der Amtssprache um »deutsche Staatsangehörige« oder Personen mit »deutscher Volkszugehörigkeit«[188]. Als Asylbewerber hingegen galten Menschen aus anderen Staaten, die um Aufnahme ersuchten. Die ersten beiden Gruppen wurden meist gemeinsam thematisiert; auch Statistiken über die Zuwanderung fassten sie häufig als eine Gruppe zusammen. Ihnen gegenüber gestellt wurden die Asylbewerber. Während es für das politisch konservative bis rechte Milieu selbstverständlich war, dass Bürger aus der DDR und Polen bevorzugt aufgenommen wurden, da sie ihres Erachtens nach Landsleute waren, so war dies für Teile der Sozialdemokraten und der AL der Beleg für einen neuen Nationalismus und Rassismus. Somit waren die Diskussionen über den Massenexodus aus der DDR in den Kontext weiterer Aspekte eingebettet: der Forderung nach einer Aktualisierung des Bundesvertriebenengesetzes (BVFG) von 1953 unter anderem aufgrund der Demokratisierung Polens und dem Wunsch des linken Milieus, alle Migranten gleich und unabhängig von ihrer Herkunft zu behandeln. Grundsätzlichen Charakter nahmen auch die Überlegungen an, wie man auf die Massenauswanderung aus der DDR reagieren sollte, denn die soziale Lage in der Bundesrepublik durfte durch die Einwanderung nicht gefährdet werden. Die schnellste und im linken Milieu breit diskutierte Lösung wäre die völkerrechtliche Anerkennung der DDR gewesen, die auch die Aberkennung der bundesdeutschen Staatsangehörigkeit von DDR-Bürgern zur Folge gehabt hätte. Dies hätte jedoch einen Bruch mit der jahrzehntelangen Politik der Bundesrepublik bedeutet und wurde von der Mehrzahl der Politiker abgelehnt.[189] Auch für West-Berlin hätte diese Entscheidung Konsequenzen gehabt: Eine Anerkennung Ost-Berlins als Teil der DDR berührte alliierte Rechte, die nach westlicher Lesart für Ganz-Berlin galten. Somit gab es nur zwei Möglichkeiten: 1) Die Bundesrepublik hätte die deutsche Staatsbürgerschaft auf ihr Staatsgebiet begrenzen können. West-Berlin, das kein konstitutiver Bestandteil der Bundesrepublik war,[190] wäre eine selbstständige politische Einheit unter alliierter Besatzung geworden, ohne wirtschaftliche Überlebensfähigkeit. 2) West-Berlin wäre entweder endgültig Teil der Bundesrepublik oder, wie es der »Globke-Plan« vorsah, der auch 1989 noch in Varianten diskutiert wurde, eine »freie Stadt« geworden. Beide Varianten waren illusorisch, da sie voraussetzen, dass die westlichen Alliierten zur Aufgabe ihrer Rechte an Groß-Berlin bereit wären.[191]

Unter der Überschrift »An die Westlinke – gegen Weggucken und Abstandhalten bei einem nahen Problem« wandte sich die infolge ihrer Verhaftung ein Jahr zuvor nach West-Berlin ausgereiste DDR-Bürgerrechtlerin Freya Klier Mitte August 1989 an die Leser der *taz*. Sie verwehrte sich dagegen, die DDR-Staatsbürgerschaft anzuerkennen, um dem Exodus ein Ende zu setzen und den Druck von der DDR-Regierung zu nehmen, damit diese Reformen durchführen könne, denn man könne nicht einem »erzreaktionären SED-Klüngel die Absolution erteilen«. Eine Anerkennung der

DDR-Staatsbürgerschaft sei erst nach erfolgten Reformen geboten.[192] Eine Woche später warf sie der AL »übelste Apartheid« und »Rassismus« vor, nachdem AL-Vorstandsmitglied Peter Lohauß die innerparteilich umstrittene Forderung kundgetan hatte, künftig DDR-Bürger mit Asylbewerbern aus Nicht-EG-Staaten gleichzustellen.[193] Zuvor hatte schon der AL-Abgeordnete Michael Haberkorn gefordert, die Quote der aufzunehmenden Aussiedler für West-Berlin auf 2,7 Prozent zu reduzieren.[194] Klier bemängelte ein falsches DDR-Bild seitens der westdeutschen Linken:

> Die Verteidigung des Sozialismus – gegen den bundesdeutschen Wohlfahrtsstaat und seine noch immer schwelende braune Gesinnung – hat sie eines übersehen lassen: daß es in Osteuropa keinen Sozialismus gab. So malte man sich einen – aus Protest gegen die eigenen Väter – und haute jedem auf die Mütze, der aus diesen Ländern kam und die Illusion zu zerstören trachtete. Mit Ausnahme weniger Lichtgestalten hat die bundesdeutsche Linke die tschechischen Reformer ebenso hängen lassen wie Solidarnosc oder die Friedensbewegung der DDR.[195]

Mit diesen Worten hatte sie Salz in offene Wunden gestreut und eine Protestwelle brach los. Die Leserbriefe wiesen drei Argumentationsmuster auf: 1) Man sei selbst jahrelang als Anti-Antikommunist diskriminiert worden, das Leben in der Bundesrepublik sei daher von vergleichbaren Repressionen geprägt. 2) Den Asylbewerbern aus von den kapitalistischen Ländern ausgebeuteten Drittweltstaaten gehe es viel schlechter als den Menschen in der DDR. 3) Die deutsche Teilung sei die gerechte Strafe für den Zweiten Weltkrieg, wer sie infrage stelle, indem er Aus- und Übersiedler als Deutsche erachte, entspreche jenen, die ein Deutschland in den Grenzen von 1937 fordern.[196]

Den DDR-Bürgern wurde ein »heuchlerischer Minderwertigkeitskomplex«[197] unterstellt, sie seien »konsumgeil«[198] und würden als »Flüchtlinge erster Klasse«[199] behandelt. Das Leben in der DDR sei zwar nicht so luxuriös wie in der Bundesrepublik, aber dennoch sei es ein »Phänomen, das so gar nichts mit Hunger und Elend, Folter und Zwang, Tod und Entsetzen zu tun hat«, denn »die Hölle, die Hölle ist es nicht«.[200] Um einem erneuten Nationalismus zu entgehen, sei es daher von Bedeutung, allen Flüchtlingen die gleichen Rechte zuzugestehen: »Wenn schon, dann ist es doch nicht weniger ›rassistisch‹, aus der Tatsache seines ›deutschen Blutes‹ den Anspruch abzuleiten, nun auch im Wohlfahrtsstaat an der westlich-kapitalistischen Ausplünderung der sogenannten Dritten Welt teilhaben zu dürfen.«[201] Nur einige Wenige stimmten Freya Klier zu und verweigerten sich der Anerkennung eines diktatorischen Regimes.[202]

Immer wieder tauchte in der *taz* das Stereotyp des den polnischen Aussiedlern oder generell allen Fremden gegenüber feindlich gesinnten DDR-Bürgers auf.[203] »Die neuen Spießbürger kommen aus der DDR«, zitierte ein Artikel Stimmen aus der Kreuzberger Szene, die aufgeschreckt seien durch Umfrageergebnisse über die CDU-Affinität der Übersiedler. Die Feindlichkeit gegenüber den Aussiedlern sei so groß, dass die »Ex-DDRler« bereits drohen würden, lieber die Republikaner zu wählen, als »die sozialdemokratische Umsiedler-Politik weiter zu ertragen«[204]. Symbolisch für die Distanz zu den nun im Westen lebenden oder ausreisewilligen DDR-Bürgern stand der Duktus der *taz*: Die Formulierung »unsere Brüder und Schwestern« wurde meist ironisch verwendet und in Anführungszeichen gesetzt. Auch war häufig nicht von DDR-Bürgern, Ostdeutschen oder Deutschen die Rede, sondern es wurde das Kürzel »DDRler« verwendet, welches sich sonst in keiner Zeitung fand. Ab dem Spätsommer 1989 ist im linken Milieu von zwei Kategorien von DDR-Bürgern die Rede: von den mutigen Oppositionellen und den konsumorientierten Flüchtlingen.

Die *B.Z.* zeigte mehr Verständnis für die Bedürfnisse der Übersiedler und bezeichnete die Auswanderung voller Pathos als »Karawane der Sehnsucht«.[205] Auch der *Tagesspiegel* betonte, der Exodus habe andere Gründe, und zitierte SPD-Politiker nach ihrer Rückkehr aus Prag: »In keinem Fall seien wirtschaftliche Aspekte für die Flucht aus der DDR entscheidend gewesen (...). Vielmehr sei die ›ständige Gängelung, der Kasernenton und das Gefühl, ewig Untertan zu bleiben‹ für die Ausreise verantwortlich.«[206] Die *B.Z.*-Artikel mit Meldungen aus den besetzten Botschaften in Prag und Budapest waren zumeist mit Bildern illustriert, die das Leid der Menschen dokumentierten.[207] Es ist grundsätzlich – auch im *Tagesspiegel* – von Flüchtlingen oder DDR-Bürgern die Rede, den Aussiedlern und Asylbewerbern wurde deutlich weniger Aufmerksamkeit geschenkt als in der *taz*. Materielle Motive für den Fortgang aus der DDR wurden von der *B.Z.* selten benannt, es dominierte die Beschreibung von mutigen Menschen, die sich auch durch die Situation in den Flüchtlingslagern nicht abschrecken ließen. Ein Wandel zu einer negativen Berichterstattung ist nicht erkennbar, nur die Menge an Artikeln zum Thema ließ mit der Zeit nach.

Die in West-Berlin vorherrschende politische Meinung wurde besonders in der Aktuellen Stunde des Abgeordnetenhauses zum Thema »Aus- und Übersiedler in Berlin« vom 22. Juni 1989 deutlich,[208] die auf aktuelle Ereignisse reagierte: auf den Beitritt Ungarns zur Genfer Flüchtlingskonvention sowie auf die in Absprache mit der Bundesregierung getroffene Vereinbarung über die Begrenzung der Aufnahme von Aus- und Übersiedlern in West-Berlin. Alle Parteien mit Ausnahme der REP bekundeten, sie würden die neue Regelung zwar nicht begrüßen, dennoch sei sie notwendig. Die Redner von SPD und AL lehnten generell das Abweisen von Menschen ab, während CDU und REP sich explizit gegen das Abschieben von Deutschen aussprachen. Es sei »nicht zu verstehen«, so Ulf Fink von der CDU, »wie man eine humanitäre Erwägung bei jemand, der aus Sri Lanka, Bangladesh, usw. kommt, gelten läßt (...), während man auf der anderen Seite den aus Leipzig, aus Dresden usw., der beispielsweise hier seinen Bruder oder Schwester hat, nicht hier läßt.«[209] Michael Preuss, ebenfalls CDU, brachte den Vorwurf auf die Formel: »Deutsche raus und Ausländer rein – das ist die neue Linie!«[210] Bernhard Andres beklagte stellvertretend für die Republikaner, dass die »Abschiebung von straffällig gewordenen Ausländern« und von »Asylanten, die in diesem Land nicht rechtmäßig und auf unsere Kosten leben« nicht möglich sei. Dennoch dürfe man auch die Aus- und Übersiedler nicht »mit Geschenken überhäufen«, da dies für soziale Unruhen sorgen würde.[211]

Am 14. September 1989, unmittelbar nach der ungarischen Grenzöffnung, widmete sich das Abgeordnetenhaus noch einmal diesem Themenkomplex. Einleitend erklärte Momper, man sei Zeuge von »zeithistorischen Umbrüchen«.[212] Dennoch gebe es »Grenzen (...) für die Fähigkeit der Aufnahme«; man dürfe dabei jedoch nie vergessen, dass es »nicht Verdienst«, sondern vielmehr »Glück« sei, »wenn man in Neukölln und nicht in Treptow geboren und aufgewachsen ist«[213]. Er appellierte an die SED, endlich Reformen durchzuführen, und warnte diejenigen, die »Übungen in Wiedervereinigungsrhetorik« praktizieren würden: Solche Forderungen »sind geeignet, mögliche Reformansätze in der DDR zu blockieren«[214], die dem Massenexodus entgegenwirken würden. Diepgen verdeutlichte seine Position zur Frage der Zuwanderung mit der Aussage: »Potsdam und Babelsberg sind das natürliche Umfeld Berlins, auch für die Zuwanderung in unsere Stadt, und nicht Sri Lanka und Pakistan.«[215] Der AL-Abgeordnete Albert Statz befürchtete aufgrund solcher Äußerungen eine Rückkehr des Nationalismus: »Mit den Begriffen des ›deutschen Volkes‹ – oder gar der Volksdeutschen – oder der ›Heimat‹ ist in der deutschen Geschichte zuviel Mißbrauch betrieben worden.«[216] Aus den Reihen der SPD befanden sich einige Redner zwischen diesen Positionen, gefangen in dem Dilemma, einerseits den DDR-Bürgern aus langjähriger Tradition der Deutschlandpolitik Priorität einräumen zu wollen und andererseits sich nicht des Nationalismus bezichtigen lassen zu wollen. Auch für die CDU war die Lage schwierig: Die Sorge vor den Folgen der Zuwanderung hatte die Republikaner ins Abgeordnetenhaus gebracht. Diese Partei ließ sich nur zurück in die Bedeutungslosigkeit schicken, wenn die CDU durch einen Rechtsruck Wähler zurückgewann.

Auffällig sind der Wandel der Bewertung der Motive der Flüchtlinge sowie die sinkende Aufnahmebereitschaft. Zuerst traf dies die polnischen Aussiedler, die zunehmend als Problem geschildert wurden und deren Kommen in Anbetracht der Veränderungen in Polen parteiübergreifend in die Kritik geriet.[217] Am 26. Oktober 1989 gipfelte dies in einer verbalen Annäherung von SPD und REP, als Staffelt mahnte, man müsse sich »administrative Maßnahmen« überlegen, um zu verhindern, dass die »sogenannten Vertriebenen« nicht mehr »hier abkassieren und in Polen ein schönes Leben führen«.[218] Hermann Voss von den REP bestätigte, es gebe keine plausible Begründung, polnische Aussiedler aufzunehmen, da sich auch »die Zahl polnischer Straftäter in den ersten neun Monaten dieses Jahres gegenüber den Zahlen des Vorjahres mehr als verdreifacht hat«.[219] Aufgrund einer »höheren Reproduktionsbereitschaft« habe zwischen 1970 und 1987 »eine Zunahme der ausländischen Bürger« stattgefunden, während zugleich »die Zahl der deutschen Bevölkerung der Stadt« zurückgegangen sei.[220] Lagerübergreifend befürchtete man soziale Unruhen und einen weiteren Rechtsruck seitens der Wählerschaft, sollte sich die Zuwanderungsrate nicht verringern. Doch West-Berlin war zur Passivität verdammt: Die SED konnte nicht zu Reformen gezwungen werden und gleichzeitig war es nicht möglich, nun von westlicher Seite eine Mauer zu errichten, um den Zustrom zu stoppen.

Herbst 1989. Eine Revolution vor der eigenen Haustür

Im Oktober 1989 begannen die Ereignisse in der DDR sich zu überschlagen: Die Feierlichkeiten zum 40. Jahrestag der DDR wurden zum Debakel, Gorbatschow kritisierte die Reformfeindlichkeit der SED, Oppositionsgruppen traten an die Öffentlichkeit, die Zahl der Teilnehmer an Demonstrationen stieg in die Hunderttausende, Erich Honecker trat zurück und Egon Krenz verkündet eine »Wende«. Was dem heutigen Betrachter wie eine Kette von Ereignissen scheint, die zwangsläufig zum Ende der DDR führen mussten, sorgte bei den Zeitgenossen für verschiedene Interpretationen. Was die öffentlichen Debatten kaum widerspiegeln, ist die Sorge der politischen Akteure vor einer Eskalation in der DDR, vor der von Krenz gelobten »chinesischen Lösung« als Reaktion auf einen Sturm auf die Mauer.[221] Im Rahmen eines Treffens am letzten September-Wochenende offenbarte Momper dem Gorbatschow-Berater Valentin Falin, er habe Informationen, dass am Rande der Feierlichkeiten zum Staatsjubiläum ein Grenzdurchbruch geplant sei. Falin informierte den Vorsitzenden der *Sozialistischen Einheitspartei Westberlin* (SEW), Dietmar Ahrens, der wiederum Rettner in Kenntnis setzte.[222] Nur drei Tage später wurden zusätzliche Volkspolizei-Bereitschaften sowie Truppen der NVA und des MfS in Ost-Berlin zusammengezogen – alle Einsatzkräfte wurden über die angeblichen Pläne eines Mauersturms informiert. Auch durch diese Warnung aufgestachelt gingen die DDR-Sicherheitskräfte in der Nacht des 7. Oktober 1989 gegen die über 6.000 Demonstranten im Prenzlauer Berg mit brutaler Härte vor.[223] Der Regierende Bürgermeister kritisierte das Vorgehen der SED: »Im gemeinsamen europäischen Haus kann nicht jeder in seinem Zimmer randalieren, wie er will.«[224] Auch die durch die SED veranlassten Einschränkungen im Transitverkehr hatten West-Berlin in jenen Tagen noch einmal verdeutlicht, wie sehr die vermeintlich gute Nachbarschaft von den Entwicklungen in der DDR abhing: Zwischen dem 5. und 8. Oktober 1989 wurde 3.625 Personen die Einreise in die DDR verweigert, unter ihnen 1.088 West-Berliner.[225] In der folgenden Aktuellen Stunde des Abgeordnetenhauses vom 12. Oktober 1989 wurde dennoch der Erklärung des Politbüros vom Vortag mehr Aufmerksamkeit geschenkt als dem Vorgehen gegen die Demonstranten im Prenzlauer

Berg.[226] Momper hielt unter dem Eindruck der friedlich verlaufenen Montagsdemonstration vom 9. Oktober fest, die »Zeit der Angst in der DDR« sei vorbei und auch das Politbüro würde nun »Ansätze von Sensibilität und Selbstkritik« zeigen.[227]

Die lokale Presse setzte in ihrer Berichterstattung verschiedene Schwerpunkte. Der *Tagesspiegel* konzentrierte sich auf die »peinliche Feier«.[228] Den Protesten und ihrer Niederschlagung wurden nur wenige Zeilen gewidmet: Es seien »mehrere Dutzend Menschen festgenommen worden« und einige Beobachter hätten auch Verletzte gemeldet.[229] Wer die *B.Z.* aufschlug, sah beängstigende Fotos. Zahlreiche Aufnahmen der nächtlichen Ereignisse in Ost-Berlin illustrierten die Artikel über mehrere Seiten.[230] Die *taz* veröffentlichte den Bericht eines West-Berliner Teilnehmers,[231] der verhaftet worden war, und publizierte wenig später Auszüge aus den Gedächtnisprotokollen der Betroffenen.[232] Walter Süß merkte in einem Kommentar an, die Bilder kämen »einem bekannt vor«, die DDR-Bürger jedoch würden sie »bisher nur aus dem Fernsehen« kennen, »aufgenommen im Westen«.[233] Hier zeigt sich wieder die Gleichsetzung der eigenen Lebensverhältnisse mit denen in der DDR, wie schon im Umfeld der Übersiedler-Debatte.

Der Rücktritt Honeckers vom 18. Oktober 1989 weckte weder im Abgeordnetenhaus noch bei den Medien große Hoffnungen. Einigkeit bestand darin, dass ein Personal- noch kein Politikwechsel sei.[234] *B.Z.* wie *Tagesspiegel* unterstrichen die ähnlichen Biografien des alten und des neuen Staatschefs und die *B.Z.* charakterisierte Krenz als »Hardliner«: Er habe den Überfall auf die Zionskirche im Jahr 1987 zu verantworten, die blutige Reaktion Chinas auf die Studentenproteste gelobt und ihm sei die Relegation von vier kritischen Schülern der Ossietzky-Oberschule 1988 zuzuschreiben.[235] Momper bezeichnete die ersten 100 Tage als »Bewährungsprobe« für Krenz, in denen er sich als »Reformer profilieren« müsse, wobei man durchaus Signale für eine höhere »Sensibilität« bemerken könne.[236] Lediglich Ristock äußerte sich im Gespräch mit der *Berliner Morgenpost* euphorisch: Er empfinde »mehr als nur einen begrenzten Optimismus«, denn wenn alle Reformen umgesetzt werden, »kann die SED in eine völlig neue Qualität der Identität mit ihren Bürgern kommen und die DDR als Staat durchaus noch Beachtliches leisten. Gescheitert ist (...) ein erstarrter, entarteter Sozialismus – der demokratische Sozialismus ist überhaupt noch nicht erprobt worden.«[237]

Am 4. November 1989 fand auf dem Ost-Berliner Alexanderplatz eine Kundgebung statt, in deren Rahmen sowohl Vertreter der Opposition als

Demonstration auf dem Ost-Berliner Alexanderplatz, 4. November 1989.

auch des SED-Regimes zu den zu Hunderttausenden Versammelten sprachen.[238] Wie Ilko-Sascha Kowalczuk richtig anmerkte, stellte für die DDR dieser Tag »im Revolutionskalender keine Zäsur dar«[239]. Auf West-Berliner Seite hingegen wurden im links-alternativen Milieu die Ereignisse erstmals als Revolution gedeutet – im Kontrast zur »Wende« als Strategie der SED.[240] Die Presseerklärung der AL bezeichnete sie als »friedliche Volksrevolution«. Der Text zeigt, dass die ostdeutsche Entwicklung als Vorbild für den Westen erachtet wurde:

> Es geht um nicht weniger als um die direkte Unterwerfung der politischen Macht unter Kontrolle der BürgerInnen (...). Mit diesem Anspruch konnte die Bewegung in der DDR, das im Westen herrschende Demokratieverständnis ›überholen ohne einzuholen‹. (...) Die Entwicklung in der DDR sollte uns vielmehr Ansporn sein, die gemeinsamen radikalen Forderungen nach Demokratie und Umweltschutz bei uns durchzusetzen.[241]

Neben allgemeiner Rat- und Planlosigkeit dominierte noch immer die Angst vor der Reaktion der DDR-Führung und der Sowjetunion die Lage.[242] Nicht nur die SED-Spitze plagte sich in der Vorbereitung jenes 4. November erneut mit der Angst vor einem »Durchbruch durch die Mauer«,[243] auch die West-Berliner Polizei und die Alliierten waren gewarnt worden.[244] Kotschemassow hatte zuvor zwar versucht, die Ängste vor einer militärischen Antwort der Sowjetunion zu zerstreuen,[245] doch die Sorgen blieben bestehen.

Auch einige hundert West-Berliner fanden sich auf dem Alexanderplatz ein.[246] Die Möglichkeit der unmittelbaren Erfahrung, die vertrauten Bilder der anderen Stadthälfte im Gegensatz zum fernen Leipzig und der Umstand, dass es die erste durch das Fernsehen live übertragene Demonstration war, ließen diesen Tag im Westen so bedeutend erscheinen.

Klaus Hartung beurteilte am 6. November in der *taz* die jüngsten Ereignisse als die »erstaunlichste, die unvorstellbarste Revolution, die man sich denken kann«.[247] Auch die *B.Z.* bezeichnete den Umbruch in der DDR erstmals in der Ausgabe vom 6. November 1989 als »Oktober- und November-Revolution«. Der Artikel beschrieb die Demonstration auf dem Alexanderplatz, bebildert war er allerdings mit einem großen Foto wartender Trabis an der tschechisch-bayerischen Grenze sowie einem kleineren Foto von der Demonstration. Auch die Folgeseiten übernahmen den Revolutions-Begriff, erörterten jedoch das Reisegesetz – hier verschmolzen die unterschiedlichen Parallelphänomene zu einer großen Revolution.[248]

Politische Kontakte zur SED

Welche Kontakte bestanden in diesen ereignisreichen Wochen, die aus heutiger Sicht so offensichtlich einen Wandel ankündigten, noch zwischen den West-Berliner Parteien und der SED? Wie schlug sich die Entwicklung auf die grenzübergreifenden Beziehungen nieder?

Die AL, 1978 als ein »Produkt der aktiven links-alternativen ›Szene‹ der Stadt«[249] entstanden, war weniger als die *Grünen* von der Umweltbewegung, sondern eher von der Außerparlamentarischen Opposition (APO) und den neuen sozialen Bewegungen geprägt.[250] Nicht wenige Mitglieder hatten zunächst eine politische Heimat in den verschiedenen K-Gruppen oder der SEW gefunden, bevor sie der AL beitraten. Dies bedeutete nicht zwangsläufig eine Verherrlichung der DDR; ein großer Teil der K-Gruppen hatte die DDR verteufelt und die Sowjetunion des Sozialimperialismus bezichtigt.[251] Hinsichtlich des Umgangs mit dem real existierenden Sozialismus beinhaltete das Attribut »links« kein homogenes politisches Konzept.[252] Das Verhältnis zwischen AL und SED war daher ein schwieriges – einerseits setzte die DDR-Führung Hoffnungen in die junge Protestpartei, andererseits war sie ihr suspekt und es wurde versucht, mit Hilfe des MfS Einfluss zu nehmen. Hier setzte sich jedoch das Problem fort, das die SED bereits hinsichtlich der APO und der Friedensbewegung gehabt hatte: Die Heterogenität verhinderte eine gezielte Beeinflussung. Im Jahr 1986 hatten AL und SED ein Treffen vereinbart, das daran scheiterte, dass unter anderem Renate Künast und Michael Wendt darauf bestanden hatten, sich vorab mit regimekritischen Gruppen abzusprechen und diese auch offiziell treffen zu dürfen.[253] 1989 fanden lediglich zwei Treffen statt, in denen es um Einreiseverbote sowie um Gesprächswünsche speziell mit dem Ministerium für Umweltschutz, aber auch mit Volkskammerabgeordneten und ZK-Mitgliedern ging.[254]

Die Berliner CDU hat sich 1989 offiziell nicht mit der SED getroffen.[255] Einige Anzeichen weisen jedoch darauf hin, dass trotz aller verbaler Abgrenzung zumindest zwischen einzelnen Personen Kontakte bestanden.[256] Gegen die REP war ein generelles Einreiseverbot und nach dem Ende des Machtmonopols der SED auch das Verbot der Gründung einer Schwesterpartei für die DDR verhängt worden.

Unter dem Motto, »man muß mit Gegnern reden«[257], hatten die SPD-Politiker Ristock und Longolius schon 1981 Kontakt zur DDR-Regierung aufgenommen; bis 1989 fanden insgesamt 33 Treffen an wechselnden Orten statt.[258] Für die jährliche »große Runde« kamen stets weitere SPD-Politiker hinzu: der Berliner Politiker und Bundestagsabgeordnete Prof. Gerhard Heimann[259], Walter Momper bis zu seiner Wahl zum Regierenden Bürgermeister, Gerd Löffler[260] und Horst Wagner[261]. Seitens der SED wurde Gunter Rettner, Leiter der Abteilung für Internationale Politik und Wirtschaft des ZK, von wechselnden Personen begleitet.[262] Der von Ristock 1983 übermittelte Wunsch, die CDU würde ebenfalls gern Vertreter zu den Parteigesprächen entsenden, wurde seitens der SED abgelehnt.[263] Die Gesprächsprotokolle zeigen deutlich die Motivation der Gespräche: Die Sorge, der NATO-Doppelbeschluss könnte erneut zu Spannungen führen, von denen besonders Berlin betroffen sei, aber auch die Kandidatur Ristocks für die Wahl zum Regierenden Bürgermeister.[264]

Für das Jahr 1989 ist durch Rettner ein erstes Treffen am 5. Mai überliefert, bei dem die West-Berliner Vertreter ihrem Wunsch nach »gleichberechtigte[n] und gute[n] Beziehungen« Ausdruck verliehen hatten.[265]

Am 21. September 1989, zehn Tage nach der ungarischen Grenzöffnung, traf sich die Runde erneut und Ristock bekundete, die Berliner SPD werde »unverändert an ihrer bisherigen Linie gegenüber der SED und der DDR festhalten«. Rettner begrüßte diese Haltung, da sich die DDR einer Hetz-Kampagne ausgesetzt sehe: »Verstärkt werden Gedanken propagiert, daß die Zeit gekommen sei, in der die gesamte Nachkriegsordnung zusammenbreche.« Auch Otto Reinhold bekräftigte, dass das Ende des Sozialismus in keinster Weise bevorstünde: »Hoffnungen auf die Erosion der gesellschaftlichen Verhältnisse in der DDR nach dem Motto ›DDR minus Sozialismus gleich Wiedervereinigung‹ seien nicht nur illusionär, sondern auch äußerst gefährlich für die Stabilität und Friedenssicherung in Europa.« Die SPD-Vertreter merkten an, man habe jüngst bei einer Polen-Reise »erschrocken« festgestellt, was nach einer Umwälzung der sozialistischen Verhältnisse geschehe: »Auch die Sozialdemokratie könne eine konservative und klerikale Entwicklung nicht gut finden (...)«, so Heimann. »Der Kapitalismus sei für die DDR kein Weg.« Auch müsse man »nüchtern und in dieser Runde offen« feststellen, »daß sich kommunistische Parteien, die nicht die Machtfrage stellen, zwangsläufig in Richtung Sozialdemokratie bewegen.« Dennoch mahnte der SPD-Vertreter auch, die DDR müsse »mehr Schritte zur Weltoffenheit« gehen, denn die »unnormalen Abgänge über Ungarn« seien eine Konsequenz mangelnden Vertrauens in die Innenpolitik der SED.[266] Die Oppositionsgruppen sowie die Demonstrationen in Leipzig waren kein Thema des Gesprächs. Die Strategie der Berliner SPD war das Festhalten an der Zusammenarbeit mit der SED bei gleichzeitiger Sondierung möglicher neuer Gesprächspartner. Künftig müsse daher, so Heimann in einer parteiinternen Sitzung, der Dialog »transparenter« gestaltet und »die Verbindungen der SPD mit anderen Kräften in der DDR öffentlichkeitswirksam dokumentiert« werden. Allerdings müsse man auch überlegen, ob es nicht sinnvoller sei, »auf eine Verstärkung sozialdemokratischen Gedankenguts« in der SED hinzuwirken, als eine »Splittergruppe« wie die SDP zu unterstützen.[267] Erst das Treffen am 19. Oktober, einen Tag nach dem Sturz Honeckers, war von Zurückhaltung seitens der SED geprägt: Es würden »schwere Zeiten« vor der Partei liegen, man befinde sich in einem »tiefen Lernprozeß«. Longolius hatte dennoch den Eindruck, »daß das Klima des Gesprächs unverändert gut war. Einige Passagen waren bei der SED selbstkritischer als bisher, die Grundstimmung war dennoch optimistisch. Blamieren werden sich diejenigen, die jetzt allzu schnell auf den Zeitgeist setzen.«[268] Es zeigte sich eine Skepsis gegenüber den neuen Gruppen und man hoffte weiterhin auf Reformen seitens der SED.

West-Berlin und die DDR-Opposition. Deutungen und Kontakte

Anlässlich eines Treffens mit Vertretern der SED hatte Ristock am 5. Mai 1989 bekundet, die SPD werde sich neben den Parteigesprächen nicht mit »anderen Gruppen« austauschen.[269] Auch Walter Momper reagierte zunächst sehr verhalten auf die ostdeutschen Regimegegner. Unmittelbar vor dem Treffen mit Honecker hatte er ein Schreiben der Ost-Berliner *Umweltbibliothek* und des *Grünen Netzwerkes Arche* erhalten, die ein Gespräch zu »Umweltproblemen« und »Reisefragen« anboten.[270] Auch die CDU-Abgeordneten Jürgen Adler und Uwe Lehmann-Brauns baten Momper in einem Brief, der *Umweltbibliothek* einen Besuch abzustatten und sich im Gespräch mit dem SED-Generalsekretär für die Reisefreiheit der DDR-Bürger sowie für eine Aufhebung der Einreiseverbote für ausgereiste DDR-Bürger einzusetzen.[271] Letzteres Anliegen bekräftigten auch Betroffene in einem Brief.[272] Diesem Wunsch kam der Bürgermeister nach, die *Umweltbibliothek* besuchte er – angeblich aus Zeitgründen – nicht. Die *Initiative für den Aufbau einer unabhängigen politischen Jugendorganisation*, die in engem Kontakt mit der Ost-Berliner *Arche* stand, bat Walter Momper um eine Unterstützung der Menschen, »die Opfer von Erich Honeckers Reise-, Verwandtschafts- und Apartheidspolitik« seien.[273] Eine Antwort an die Initiative ist nicht überliefert. Auf die Frage des AL-Abgeordneten Hartwig Berger, warum er den Dialog nicht gesucht habe, antwortete der Regierende Bürgermeister ausweichend: »Der Senat ist selbstverständlich gesprächsbereit. Dementsprechend steht die Senatorin für Stadtentwicklung und Umweltschutz in Kontakt z.B. mit dem »Grünen Netzwerk-arche«[274]. Daraufhin traf sich die Initiative *Bloß rüber damit – Dreck dankend Retour*[275], eine West-Berliner Unterstützergruppe der *Umweltbibliothek*, mit der Senatorin Michaele Schreyer und wurde enttäuscht. Obwohl Schreyer bekundete, man würde »parallele Kontakte« zu »allen gesellschaftlichen Gruppen in der DDR« unterhalten, seien die Kontakte »zu den offiziellen Stellen« wichtiger, um etwas »zu bewegen«. Treffen mit unabhängigen Gruppen wertete sie hingegen als »plakative

Aktionen«, die »nicht helfen würden«.[276] Die Samisdat-Zeitschrift *Umweltblätter* kommentierte desillusioniert, es sei »seit längerem bekannt, daß von wenigen Ausnahmen abgesehen, sowohl SPD als auch AL (...), ganz zu schweigen von der CDU, am liebsten mit den Herrschenden verhandeln, statt sich in unsere niederen Ebenen und dämmrigen Keller zu bemühen.«[277] Bei der Bewertung dieser Haltung des Senats darf das strategische Kalkül nicht übersehen werden: Offizielle Treffen mit den Oppositionsgruppen hätten Konflikte mit der SED zur Folge gehabt. Dies hätte dem Wunsch nach Erleichterungen für die West-Berliner im Weg gestanden, die sich besser medial verkaufen ließen als ein Gespräch mit Umweltaktivisten.[278] Noch Mitte September 1989 wurde das Potential der Opposition für gering gehalten. Nach dem Besuch einer Veranstaltung, auf der sich das *Neue Forum* und *Demokratie Jetzt* präsentierten, schrieb Staatssekretär Bertele von der Ständigen Vertretung unter anderem an den Berliner Senat, die Gruppen seien »weit entfernt« von »effektiver Oppositionsarbeit«, die Berichte der Medien seien »übertrieben und aufgebauscht«. »Die Arbeit des Staatssicherheitsdienstes wird auch weiterhin dafür sorgen, daß die Aufbruchstimmung nicht zu einem tatsächlichen Aufbruch wird.«[279]

Auch die am 7. Oktober 1989 ohne westliche Hilfe erfolgte Gründung der *Sozialdemokratischen Partei in der DDR* (SDP) änderte zunächst nichts an dieser Einschätzung.[280] Drei Wochen später stattete Steffen Reiche der Senatskanzlei einen ersten Besuch ab und sprach mit Momper. Am Tag darauf reisten der Regierende Bürgermeister, der Chef der Senatskanzlei und Senatssprecher Kolhoff zum ersten offiziellen Gespräch mit Vertretern der DDR-Opposition nach Ost-Berlin, in das Atelier von Bärbel Bohley. Dieter Schröder erinnert sich, man habe den Eindruck gehabt, die »SED war fertig, und die Opposition unfertig.«[281] Momper erinnert sich, von der »moralischen Integrität« Bohleys beeindruckt gewesen zu sein; er »bewunderte den Mut dieser Frau« und versprach baldige Unterstützung.[282] Hierzu holte er den ihm schon länger bekannten Ralf Hirsch in die Senatskanzlei, der fortan zu seinem Berater im Umgang mit der DDR wurde. Hirsch blieb bis zum Regierungswechsel an der Seite Mompers und begleitete die gesamte Entwicklung.[283]

Die Berliner CDU nahm erst Anfang Oktober 1989 Kontakt zu oppositionellen Gruppen in der DDR auf – dem »Arbeitskreis Gerechtigkeit« und der »Arbeitsgruppe Menschenrechte« in Leipzig. Ansgar Vössing, Zuständiger für die Bürgerrechtsgruppen seitens der Berliner CDU, erinnert sich darüber hinaus an eine Unterstützung verschiedener weiterer Gruppen in Leipzig in Form eines Schmuggels von Literatur und Druckmaschinen.[284] Kontakte zu Ost-Berliner Gruppen existierten nicht, nur durch einzelne Personen wie zum Beispiel Uwe Lehmann-Brauns oder Ulf Fink bestanden persönliche Verbindungen zu kritischen DDR-Bürgern.[285] Aufgrund der ablehnenden Haltung eines Großteils der DDR-Opposition gegenüber dem von der CDU gehegten Wunsch nach Wiedervereinigung seien bald, so Vössing, »andere Partner« wie die »reformierte (Ost-)CDU« interessanter geworden.[286] Bereits vor dem Mauerfall, am 2. November 1989, trafen sich Eberhard Diepgen, Siegfried Berghaus sowie Lothar und Thomas de Maizière in Ost-Berlin. Die aus diesem Anlass von Diepgen getroffene Ankündigung, sich »mit allen gesellschaftlichen Gruppen in Ost-Berlin und in der DDR« zu treffen, machte er nicht wahr.[287] Später war die Berliner CDU eine treibende Kraft bei der Bildung der Deutschen Sozialen Union (DSU) in Leipzig.[288]

In den 1980er Jahren hatten aufgrund von Ausbürgerung, Ausweisung oder Freikauf in West-Berlin lebende DDR-Dissidenten – Jürgen Fuchs, Roland Jahn, Thomas Auerbach und Rupert Schröter – sowie Wolfgang Schenk durch ihre Aktivitäten in der *AG Berlin- und Deutschlandpolitik* die Positionen der AL geprägt und Kontakte zu DDR-Bürgerrechts- und Umweltgruppen vermittelt.[289] Infolge eines innerparteilichen Wandels geriet die AG jedoch zunehmend in Kritik, so dass sie sich schließlich auflöste.[290] Diejenigen, deren Anliegen die Unterstützung der DDR-Bürgerrechtler gewesen war, verließen die Partei. So konnte eine Diplomarbeit der juristischen Hochschule des MfS im April 1988 zu dem Fazit kommen, dass es zwar noch »feindliche Angriffe gegen die DDR zur Inspirierung und Organisation politischer Untergrundtätigkeit« gebe, sich der »Anteil der von der AL direkt ausgehenden subversiven Aktivitäten (...) jedoch erheblich verringert« habe.[291] Die Aktivitäten Roland Jahns würden »nur von einigen wenigen Mitgliedern der AL, von denen ein Teil wiederum bereits ausgetreten ist, gebilligt und unterstützt, sind jedoch so keinesfalls charakteristisch für das Verhalten der Gesamt-AL«. Im September 1987 hätten die AL-Mitglieder Ströbele, von Galen, Müller-Plantenberg und Vonnekold bei einem Treffen mit Oppositionellen in Ost-Berlin festgestellt, dass »große Unterschiede in der politischen Betrachtungs- und Vorgehensweise deutlich geworden« seien.[292] Das Ende der *AG Berlin- und Deutschlandpolitik* markiert in weiten Teilen das vorläufige Ende der Unterstützung von Gruppen in der DDR, auch wenn einzelne

Personen die Hilfe fortsetzten.[293] Am 23. Juli 1989 verabschiedeten Mitglieder der AL, des *grün-ökologischen Netzwerkes Arche* und der *Umweltbibliothek* eine »Gemeinsame Erklärung zur grenzüberschreitenden Luftpolitik in Berlin (West) und Berlin/DDR«.[294] Die Verbindungen zwischen der AL und diesen beiden Gruppen der DDR-Opposition waren allerdings eher in dem gemeinsamen Umwelt-Engagement begründet als in dem Wunsch nach einer Unterstützung von Gegnern der sozialistischen Gesellschaftsordnung.[295] Deutlich wurde bei diesem Treffen, dass die Regierungsbeteiligung der AL für eine Zwickmühle sorgte. Die neue Rolle verlangte Diplomatie: »Primär müssen Kontakte zu den offiziellen Stellen in der DDR aufgenommen werden. Separate Verhandlungen mit ›autonomen Gruppen‹ in der DDR würden einer ›Anerkennung des Alleinvertretungsanspruches des Senats von Westberlin für ganz Berlin‹ gleichkommen. Das wolle die AL jedoch keinesfalls.«[296]

Trotz noch bestehender Vorbehalte verwiesen die Politiker von AL und SPD ab Oktober 1989 in ihren Reden stets auf die Bürgerrechtler, denn auch »wenn diese Oppositionsgruppen noch kein umfassendes politisches Programm haben, artikulieren sie doch die Wünsche und Hoffnungen weiter Teile der Bevölkerung der DDR«[297]. Die CDU berief sich auf Aussagen der DDR-Flüchtlinge und warf der SPD vor: »Sie haben immer mit den Falschen gesprochen!«[298] Besonders deutlich wurde die Überzeugung der CDU, die Oppositionsgruppen seien nicht repräsentativ für die DDR-Bevölkerung, nach der Volkskammerwahl 1990. Höhnisch unterbrach der CDU-Abgeordnete Landowsky einen Beitrag von Renate Künast über den Wunsch nach einem Dialog mit dem Berliner Runden Tisch mit dem Ausspruch: »Die lösen wir auf!« und setzte hinzu: »Die haben doch gar keine Legitimation! Reden Sie doch keinen Quatsch!«[299] Die Abgeordneten der Fraktionen fühlten sich, gemessen an ihren Aussagen, von unterschiedlichen Gruppen zu ihrer Politik berufen: der DDR-Opposition, die entgegen der realen Situation zumeist als homogene Bewegung mit einheitlichen Zielen geschildert wurde,[300] auf der einen Seite und den Übersiedlern sowie ab Mitte November 1989 auch den Leipziger Demonstranten[301] auf der anderen Seite. Hier zeigte sich bereits eine nach Akteursgruppen differenzierende Wahrnehmung des Aufbruchs in der DDR, die heute in Form der Begriffe »Bürgerrechtsbewegung« und »Ausreisebewegung« auch die Historiographie dominiert.[302]

Für den Zeitraum bis zum späten Herbst 1989 muss somit festgestellt werden, dass es keine generelle Unterstützung der DDR-Bürgerrechtler durch West-Berliner Parteien gab, sondern jegliche Initiative stets auf dem Engagement Einzelner beruhte.[303] Dennoch waren die Situation in Berlin sowie die geografische Lage elementare Voraussetzungen dafür, dass das grenzübergreifende Netzwerk der aus der DDR ausgewiesenen Dissidenten funktionieren konnte. Jürgen Fuchs, seit 1977 in West-Berlin, nutzte als Erster die Möglichkeit, von hier aus als Schnittstelle zu fungieren. Ihm folgten als wohl aktivste Vermittler zwischen Ost und West Roland Jahn (1983) und Ralf Hirsch (1988). Sie unterstützen die oppositionellen Gruppen jenseits der Mauer materiell, nutzten ihre Prominenz, um Kontakte zu den westdeutschen Medien herzustellen und übermittelten Nachrichten zwischen den Ausgebürgerten und den in der DDR Verbliebenen. Sie schmuggelten Druckmaschinen, Matrizen, Literatur, Kameras und vieles mehr mit Hilfe von Diplomaten, Politikern und Journalisten über die Grenze.[304] Nur in West-Berlin war es möglich, mit Material der Ost-Berliner Opposition die Rundfunksendung »Radio Glasnost« zu gestalten, welche aufgrund einer Reichweite von 50 Kilometern weit in die DDR hinein strahlte. Insofern spielte West-Berlin als Ort eine bedeutende Rolle für die DDR-Opposition. Doch waren es weniger West-Berliner als vielmehr ehemalige DDR-Bürger, welche diese Chance nutzten.[305] Hubertus Knabe unterstreicht, dass es darüber hinaus primär außerstaatliche Gruppierungen in West-Berlin waren, die sich in den späten 1980er Jahren um eine Unterstützung der DDR-Opposition bemühten.[306] Eine detaillierte Analyse dieser Verbindungen steht bisher noch aus.[307] Ralf Hirsch bestätigte, dass es mehrere Netzwerke waren, die teils kooperierten: Während er selbst auf die Kontakte zu den DDR-Korrespondenten und Diplomaten aus seiner Zeit als Sprecher der IFM zurückgreifen konnte, hatte sich Roland Jahn ein paralleles Netz aufgebaut.[308] Neben einem auch in West-Berlin weit verbreiteten Desinteresse an der DDR gab es rein pragmatische Gründe, warum es eher Politiker auf Bundes- als auf der Berliner Landesebene waren, welche sich an den Aktionen zur Unterstützung der Gruppen beteiligten: Ihnen war es möglich, im Wagen der Ständigen Vertretung die Grenze nach Ost-Berlin unkontrolliert zu passieren. Dies war für West-Berliner Politiker nicht der Fall, was sie für die Arbeit von Hirsch und Jahn eher uninteressant machte.[309]

Ehrhart Neubert kommt in seinem Standardwerk zur Oppositionsgeschichte ebenfalls zu dem Schluss, dass es zu »einer Systematisierung der Beziehungen, zu strategischen Absprachen oder der Formulierung gemeinsamer politischer Ziele« nicht gekommen sei.[310] Die »politische Gegnerschaft in der DDR« sei »nach den Mustern der westdeutschen innenpolitischen Auseinandersetzungen gedeutet« worden, die »östliche Friedensbewegung« habe man »ähnlich wie die westliche beurteilt«: »Die DDR-Opposition, die sich als Teil einer blockübergreifenden Friedensbewegung verstand, konnte von den Konservativen im Westen daher in ihrer politischen Funktion nicht eingeordnet werden, ihre deutschlandpolitischen und antitotalitären Motive wurden nicht erkannt.«[311] Dieser Zusammenfassung ist in zwei Punkten zu widersprechen.

Erstens beruhte die Skepsis auf Gegenseitigkeit. Viele Gruppen verweigerten einen deutsch-deutschen Dialog, besonders mit Vertretern von CDU und CSU, aber auch mit den Medien, wie Neubert selbst schildert[312]: »Das Bestreben, gegenüber der SED als unabhängig und nicht aus dem Westen ferngesteuert zu erscheinen, konnte mitunter dazu führen, einen Teil der SED-Feindbilder zu übernehmen.«[313] Exemplarisch für diese Ablehnung ist die Reaktion auf einen Versuch der Solidarisierung: Am Tag nach der Veröffentlichung des Aufrufs des Neuen Forums beschlossen 50 West-Berliner – unter ihnen auch prominente DDR-Bürgerrechtler wie Freya Klier und Lotte Templin – ein »Neues Forum West« zu gründen. Neben einem Dialog hatte sich die Gruppe die konkrete Unterstützung des Neuen Forums zum Ziel gesetzt.[314] Nur 24 Stunden später löste sich die Initiative wieder auf, nachdem man aus Ost-Berlin die Nachricht erhalten hatte, die »Oppositionsbewegung in der DDR ist erwachsen genug, um für sich selbst zu reden«. Ein Absatz unterstellte gar, man wolle Trauerarbeit leisten, weil man nicht dabei sein könne: »Wer seine Entscheidung bereut, sollte morgen bei der Ständigen Vertretung in Bonn die Einreise in die DDR beantragen.«[315] Dieser Satz belegt das Misstrauen, unterstellt er doch, die 1988 Ausgewiesenen hätten eine Wahl gehabt, tatsächlich aber war ihnen eine Rückkehr in die DDR verwehrt. Die Betroffenen fühlten sich ausgegrenzt und betonten, hier würden die Exklusionsmechanismen der SED ihre Fortsetzung finden.[316] Während unter anderem die IFM für Kontakte zu allen Interessierten in der Bundesrepublik eintrat, pflegte das linke Milieu der Opposition nur Kontakte zu Gleichgesinnten – zur KPD und zu den Teilen der Autonomen, die die DDR-Opposition nicht als »Antikommunisten« ablehnten. Die linken Gruppen beendeten auch zeitweise den Kontakt zu Roland Jahn und ließen sich durch Andreas Hauschild oder Uli Neumann helfen, nachdem das MfS das Gerücht gestreut hatte, Jahn wäre ein Agent der Central Intelligence Agency (CIA).[317]

Zweitens erschließt sich nicht ganz, warum niemand im Westen die deutschlandpolitischen »Motive« erkannt haben soll. Die Ziele und Vorstellungen der west- wie ostdeutschen Linken – und als solche verstand sich die Mehrheit der oppositionellen Gruppen – waren nicht weit voneinander entfernt. Andreas H. Apelt benennt in seiner Analyse zum Verhältnis der DDR-Opposition zur deutschen Frage zwei Denkschulen: Während die große Mehrheit, begründet durch die deutsche Vergangenheit, für eine Anerkennung des Status quo und den Erhalt der Zweistaatlichkeit plädierte, sprach sich eine Minderheit für das Ende der Blockkonfrontation und ein geeintes Deutschland aus. Diese zweite Gruppe verband mit der Wiedervereinigung zumeist auch die Idee der Neutralität und Blockfreiheit.[318] Eben diese Lager existierten bei den Linken in der Bundesrepublik. Auch die »kulturellen Milieus« der Grün-Alternativen und der oppositionellen Szene ähnelten sich, nicht umsonst zog es einen Großteil der Ausgewiesenen nach Kreuzberg[319], und ebenfalls nicht ohne Grund fusionierten später das Bündnis90 und die Grünen. Daher ist der gezogene Vergleich westdeutscher Politiker nicht unberechtigt. Dennoch ist Neubert zuzustimmen, dass die Bedeutung der Gruppen erst sehr spät und selbst dann nicht parteiübergreifend erkannt wurde.

Die DDR-Opposition in den West-Berliner Medien

Am ausführlichsten berichtete die *taz* über das Erstarken der ostdeutschen Opposition. Es wurde detailliert über die Gruppen und deren Aktionen berichtet, die Gründungsaufrufe wurden abgedruckt, in West-Berlin lebende Dissidenten äußerten sich und mit einzelnen Ost-Berliner Oppositionellen fanden Interviews statt. Auch von Demonstrationen, Verhaftungen und Solidaritätsaktionen wurde berichtet. Besonders die West-Berliner Linke hegte die Hoffnung, es könne ein Funke auf den Westen überspringen. Autoren wie Freya Klier, die sich gegen eine Idealisierung der DDR-Verhältnisse aussprachen, wurde daher häufig mit zynisch distanzierten Kommentaren begegnet. In einer Serie, die essayistisch jüngste Ereignisse persiflierte, wurde mit den zwei Prominentesten unter ihnen abgerechnet: »Der [Wolfgang Templin, S.E.] ist jetzt bei so einem Psychologen. War ein Tip von der Freya [Klier, S.E.], so eine neue Therapie gegen Ost-Phobie. Was die da machen? Die treffen sich jeden Tag auf dem Ausguck Bernauer Straße und singen die Internationale. Und dann müssen sie immer sagen: ›Genscher, du bist der Größte.‹ Doch, doch, das wirkt.«[320]

Auch der *Tagesspiegel* thematisierte die DDR-Opposition im Herbst 1989 regelmäßig und informierte über zahlreiche Gründungsaufrufe und die Entwicklung der Gruppen, eine Wertung im Vergleich zu den Übersiedlern lässt sich nicht feststellen. Für die *B.Z.* hatte die Bürgerrechtsbewegung eine deutlich geringere Bedeutung als die Ausreisebewegung. Zwar waren die Demonstrationen regelmäßig Teil der Berichterstattung über die DDR, Texte der Gruppen wurden jedoch nicht publiziert. Mit weitem Abstand kam dem Neuen Forum die meiste Aufmerksamkeit zu, doch selbst die war im Vergleich zu anderen Themen so gering, dass Bärbel Bohley noch am 19. Oktober 1989 fälschlicherweise als Christel Bohley zitiert wurde.[321]

West-Berlin und die Maueröffnung

»Verlassen Sie sich darauf, daß es ein Reisegesetz geben wird, das den Namen auch wirklich verdient. Es wird Reisefreiheit geben.«[322] Mit diesen Worten kündigte Politbüro-Mitglied Günter Schabowski am 29. Oktober 1989 in einem vertraulichen Gespräch ein neues Reisegesetz an. Gemeinsam mit dem Ost-Berliner Oberbürgermeister Erhard Krack hatte er sich mit Walter Momper, Senatssprecher Kolhoff und Dieter Schröder nach deren Treffen mit Vertretern der DDR-Opposition im Palasthotel verabredet. Der neue Regierungssprecher wurde konkret: Vielleicht schon zum 1. Dezember wolle die SED eine neue Regelung in Kraft setzen, um einen Beitrag zur Stabilität der DDR zu leisten. Auch, wenn dann sicherlich »100.000 bis 150.000 Bürger der DDR im Westen bleiben werden«[323]. Dieter Schröder resümierte rückblickend: »Da hantierten Leute eine Frage von höchster Explosivkraft, ohne klare Vorstellungen von den Implikationen zu haben.«[324] Dies galt jedoch für beide Seiten.

Am 3. November 1989 unterbreitete Senatsdirigent Gerhard Kunze dem DDR-Besuchsbeauftragten Walter Müller Vorschläge, um »optimale Möglichkeiten für den grenzüberschreitenden Verkehr zu schaffen«.[325] Ziel der Verhandlungen war es, »die bereits jetzt zu verzeichnende Überlastung einer Reihe von Grenzübergangsstellen« zu mildern und Lösungen zu finden, die dem baldigen Besucherstrom standhalten würden. Neben einem Non-Paper, das mögliche neue Übergänge nannte, wurden die Treffen einzelner Minister und Senatoren erörtert. Diese Begegnungen sollten in Anwesenheit von Mitarbeitern der Ständigen Vertretung stattfinden, wogegen Müller wie gewohnt unter Verweis auf Vorbehalte der Sowjetunion protestierte. Kunze war aber nicht mehr bereit, eine Ablehnung zu akzeptieren, »nachdem die Sprecher des MID und des ZK der KPdSU erklärt hätten, daß ›das, was in Deutschland geschehe, Sache der Deutschen‹ sei«[326].

Mit dem Beschluss zur »Einsetzung einer Projektgruppe zur Vorbereitung auf einen verstärkten Besucher- und Reiseverkehr aus Ost-Berlin und aus der DDR« begann der Berliner Senat zwei Tage nach der Ankündigung mit den Vorbereitungen. Vier Schwerpunkte wurden definiert: die Koordinierung von Verkehrsmaßnahmen, die Erstellung von Informationsmaterial für die Besucher, die Organisation von Hilfsmaßnahmen und die Information der »Öffentlichkeit über die neue Rolle Berlins« infolge sich öffnender Grenzen.[327] »Nach den Ankündigungen der DDR-Regierung ist zu erwarten, daß Anfang Dezember der DDR-Bevölkerung die völlige Reisefreiheit gewährt wird«, so die Einleitung des Vorschlags für die Informations- und Pressearbeit. Die DDR-Bürger sollten als normale Touristen betrachtet werden.[328] Das Ziel war zunächst, »die hiesige Bevölkerung« vorzubereiten, »damit sie nicht das Gefühl der Enge bekommt, sondern Berlin als offene Stadt begreift«, und »Orientierungshilfen« für die Besucher zu entwickeln. Zwei Wochen vor Inkrafttreten des Reisegesetzes sollten die West-Berliner einen Brief ihres Bürgermeisters erhalten, »in dem das historische Ereignis, worauf seit Jahrzehnten alle Menschen in Ost und West gewartet haben, als Schritt zur Normalisierung begrüßt wird«. Selbst die angekündigte Reisefreiheit wurde nicht als mögliches Ende der DDR erörtert. War man lange davon ausgegangen, dass nur die Mauer die DDR zusammenhalte, so schien man ausgerechnet in den letzten Wochen ihres Bestehens an ihre Stabilität zu glauben. Man rechnete mit 100.000 bis 300.000 Besuchern verteilt über das erste Wochenende und verglich den Aufwand mit dem Evangelischen Kirchentag, der Internationalen Funkausstellung oder einem DFB-Pokalendspiel. Schwierigkeiten sahen die beteiligten Vertreter der Senatsverwaltungen hauptsächlich darin, dass »1. nur vage Schätzungen vorliegen, 2. es keine direkten Ansprechpartner gibt, 3. der Personenkreis nicht einschätzbar ist (weder von seiner Reisegewohnheit noch von den materiellen Gegebenheiten oder der Länge der gewünschten Aufenthaltsdauer).«[329] Ost-Berlin war zur Terra incognita geworden.

Am 6. November 1989 informierte der Regierende Bürgermeister Kanzler Helmut Kohl: »Der Senat geht davon aus, daß voraussichtlich im Dezember 1989 für die Einwohner Ost-Berlins und der DDR eine weitgehende Reisefreiheit hergestellt wird.« Man erwarte an den »Wochenenden im Dezember bis zu 300.000 Besucher aus dem Umland. Der Senat fürchtete den hohen Verwaltungsaufwand und eine Doppelinanspruchnahme des Begrüßungsgeldes und schlug daher vor, das Geld durch die Staatsbank der DDR auszahlen zu lassen. Darüber hinaus unterstrich Momper, wie nötig die »Herstellung der Konvertibilität der Währung in der DDR« sei, da sonst »die aus der Zeit vor 1961 bekannten Probleme den Erneuerungsprozeß belasten werden«. Auch müsse man eine »kurzfristig geeignete Transportkapazität« bereitstellen, um die geschätzten zehn Prozent, die eine Rückkehr in die DDR ablehnen würden, in die Bundesrepublik weiterleiten zu können.[330] Die Eventualität einer derartigen Luftbrücke wurde auch mit den Alliierten besprochen.[331]

Die zweite Sitzung der Projektgruppe fand einen Tag vor der Grenzöffnung statt. Man konzentrierte sich weiterhin auf die Fragen nach der Auszahlung des Begrüßungsgeldes, der Koordination des öffentlichen Nahverkehrs und der Information der Besucher.[332] War West-Berlin also, wie heute vereinzelt behauptet wird, auf den Mauerfall vorbereitet?[333] Nein. Man bereitete sich auf etwas vor, doch dieses Szenario hatte nichts mit dem zu tun, was als »Mauerfall« in die Geschichte eingegangen ist, denn niemand bedachte mögliche mittel- und langfristige Folgen. Dass auf das deutsch-deutsche Wiedersehen und das Erleben des Westens der Wunsch nach Wiedervereinigung folgen könnte, wurde nicht in Betracht gezogen.

Am späten Abend des 9. November 1989 traf der Senat in einer Sondersitzung letzte Vorkehrungen für den bevorstehenden Ansturm. Die BVG sah sich in der Lage, »den zu erwartenden Besucherstrom zu bewältigen«, die Sparkasse würde sich an der Auszahlung des Begrüßungsgeldes beteiligen und für die kommenden Tage würde wohl auch die Anzahl an Unterkünften für Übersiedler ausreichen.[334] Als die Senatssitzung um 23.40 Uhr endete, waren die meisten Grenzübergänge bereits geöffnet.[335] Keine zwei Stunden später versuchte sich der Regierende Bürgermeister bereits als Verkehrspolizist. Das MfS protokollierte:

> »Ausgerüstet mit einem Megaphon bestieg er einen Tisch und forderte durch das Megaphon die Bürger auf, die Ein- und Ausreise einzustellen. Dem wurde nicht Folge geleistet. Um 1.35 Uhr sprach Momper im westlichen Vorfeld durch das Megaphon und forderte die West-Berliner Bürger auf, das Territorium zu verlassen, damit die DDR-Bürger nach West-Berlin passieren können; sie möchten den Verkehr nicht behindern, um diese historische Stunde nicht zu verderben.«[336]

Im Spalier empfing man allerorts die einrollenden hupenden Trabis, verschenkte Blumen, klopfte auf die Pappdächer der Wagen und tauchte sie in Sektfontänen. Momper versuchte sich derweil in Schadensbegrenzung und kontaktierte die Verantwortlichen der Alliierten. Seine Worte sollen gewesen sein: »Wir kommen überall rüber, wir können jederzeit zum Alexanderplatz laufen und uns die Hucke vollsaufen.« Er bat die Amerikaner und Briten um Hilfe, denn »am Brandenburger Tor fangen die Verrückten an, überall mit dem Hammer auf der Mauer rumzukloppen.«[337]

Mutige hatten dort die Krone der Mauer erklommen, skandierten »Die Mauer muß weg« und sangen »Krenz, wir schlagen dir die Türe ein.«[338] 50 bis 60 Ost-Berliner kletterten über die Sperrzäune und eroberten gegen 1.20 Uhr den Pariser Platz – die Volkspolizei schaut nur noch ohnmächtig zu.[339] Was folgte, waren Szenen der Freude, die sich jeder Beschreibung entziehen. Die in den frühen Morgenstunden verteilte Ausgabe der *B.Z.* titelte: »Die Mauer ist weg! Berlin ist wieder Berlin!«[340]

Mediale Reaktionen auf eine mögliche Reisefreiheit

Die wie geplant am 31. Oktober 1989 gestartete Pressekampagne für die bevorstehende Reiseregelung hatte hingegen alles andere als ein Feuerwerk der Emotionen erwarten lassen und so erweckt die Lektüre der lokalen Tageszeitungen zwischen dem 31. Oktober und dem 9. November 1989 eher den Anschein, dass die Sorgen des Senats bezüglich einer nur verhaltenen Freude seitens der West-Berliner nicht unberechtigt waren. Lediglich in einigen Medien des Springer-Verlags zeigt sich eine Entrüstung über die mahnenden Worte des Regierenden Bürgermeisters, die DDR-Bürger sollten mit öffentlichen Verkehrsmitteln anreisen und die Gastgeber sollten sich in Offenheit und Toleranz üben. Die *B.Z.* bezeichnete die Bitte als »peinlich, taktlos, anmaßend und diskriminierend« und sah die DDR-Besucher zu »Menschen 2. Klasse« degradiert.[341] Die Berichte anderer Tageszeitungen sind deutlich nüchterner verfasst – hier dominiert die Erörterung von praktischen Problemen, von Euphorie keine Spur. Nach all den Jahren lag ein Berlin ohne Mauer oder gar eine wiedervereinigte Stadt jenseits des Vorstellbaren. Zur Erklärung der nur sehr verhaltenen Vorfreude muss in Betracht gezogen werden, dass ein durch die Regierung Krenz am 6. November 1989 veröffentlichtes Reisegesetz zunächst für herbe Enttäuschung gesorgt hatte. Den DDR-Bürgern sollten nur 30 Reisetage im Jahr gestattet werden und die Liste der Gründe für eine mögliche Ablehnung der Anträge reichte vom Schutz der Gesundheit und Moral bis hin zu nicht näher definierten »gesellschaftlichen Erfordernissen«. Jeder Reisende sollte für seinen Aufenthalt 15 DM eintauschen können – ein lächerlich geringer Betrag, der nicht einmal einen Tagesaufenthalt ermöglicht hätte. Doch mehr konnte sich die DDR aus Mangel an Devisen nicht mehr leisten.[342] In den Westmedien wurde das Gesetz zunächst weniger kritisch aufgenommen. Die *B.Z.* jubelte auf dem Titel: »Je-

West-Berliner begrüßen die eintreffenden DDR-Bürger am 10. November 1989 mit dem Werbeslogan einer Zigarettenmarke.

der darf 30 Tage in den Westen!«[343] Erst infolge der Proteste in der DDR wechselte die Stimmung auch auf der anderen Seite der Mauer.[344] Walter Momper konstatierte: »Die DDR-Führung hat die Chance vertan, das Mißtrauen zu durchbrechen.«[345]

In den westlichen Tageszeitungen wurden die DDR-Bürger als Touristen und Gäste angekündigt, die nach ihrer Einreise besonders am Konsum westlicher Waren interessiert sein würden. Einen nationalen Bezug stellten nur die Zeitungen des Springer-Verlags her: Die DDR-Bürger seien »unsere Landsleute«[346] und »Deutsche aus der DDR«[347]. Keine der Zeitungen setzte die in Aussicht gestellte Reisefreiheit mit dem Fall der Mauer gleich – weder vor noch nach dem 6. November. Nur die *taz* stellte mit Befremden fest, seit Mompers Gespräch mit Schabowski »betrachtet man die Mauer als symbolisches Relikt«[348]. Auch Egon Krenz erteilte jeglichen Spekulationen nach seiner Rückkehr aus Moskau eine rigide Absage, denn für die Mauer gebe es »konkrete Gründe«[349]. Neben Informationen über die Arbeitsgruppe des Senats dominierten der Devisenmangel, der zu erwartende Verkehrskollaps, die Verhandlungen um weitere Grenzübergänge sowie die Sorge vor einer ostdeutschen Variante des »Polenmarktes« den Diskurs. Der Berlin-Korrespondent der *Frankfurter Rundschau* beschrieb die ambivalente Gemütslage:

> »Noch ist die Teilstadt nicht vorbereitet, weder psychologisch noch organisatorisch. Es gibt Ängste, daß noch mehr hierbleiben werden und den Wohnungsmarkt belasten. Studenten, die eine Bude suchen, denken nicht sehr gesamtdeutsch in diesen Tagen. Die Jüngeren, die aus dem Westen Zugereisten, haben wenig Bezug zum anderen Teil der Stadt. Für die Älteren werden Träume wahr.«[350]

Besonders Interviews spiegeln die Ungläubigkeit der West-Berliner. Am 9. November 1989 äußerte sich der Chef des Kaufhauses KaDeWe skeptisch: »Das ist Panikmache und total überzogen. Ich glaube nicht an den großen Andrang.«[351] Dass, was nur wenige Stunden später begann, war für niemanden vorstellbar: Über die innerstädtischen Grenzübergänge reisten allein zwischen 23 und 4 Uhr über 63.000 DDR-Bürger nach West-Berlin.[352] Im Verlauf des Novembers kamen im Schnitt täglich – und nicht wie geschätzt pro Wochenende – knapp 350.000 Besucher in die westliche Halbstadt.[353] Zwischen November und Dezember fand an den meisten Tagen über die Hälfte des gesamten grenzüberschreitenden Verkehrs zwischen Ost- und Westdeutschland an den Übergängen zu West-Berlin statt.[354]

Am Tag danach. Berlin zwischen Volksfest- und Krisenstimmung

In nur einer Nacht veränderte sich das Stadtbild: Graue, beigefarbene und hellblaue Trabis so weit das Auge reichte. Das Begrüßungsgeld für jeden Bürger aus der DDR sorgte für Menschenschlangen. Gegen Mitternacht trafen die ersten DDR-Bürger in den Bezirksämtern ein, um sich die 100 DM abzuholen.[355] Die aus der gesamten DDR angereisten Menschen wurden mit Angeboten und Geschenken überhäuft: Der Sender Freies Berlin (SFB) richtete eine eigene Telefonnummer ein, unter der West-Berliner Übernachtungsmöglichkeiten für die Besucher aus der DDR melden konnten. Der Fußballverein Hertha BSC verschenkte 10.000 Freikarten für das Olympiastadion, die Berliner Philharmoniker gaben ein Gratis-Konzert, im ICC traten internationale Pop- und Rock-Künstler auf und Theater luden zu Sondervorstellungen.[356]

Zahlreiche Firmen und Geschäfte verteilten kostenlose Waren in den ersten Tagen nach dem Mauerfall.

Während das Volk feierte, brannte hinter den Kulissen die Luft. Das nur noch in Stichpunkten verfasste Protokoll der Senatssitzung verdeutlicht die Krisenstimmung: »Grenzübergänge: Starker Wechselverkehr bis hin zum Chaos. (...) BVG kann Verkehr kaum bewältigen. (...) DDR-Besuchsbeauftragter trotz mehrfacher telefonischer Rückfrage nicht handlungsfähig (...) Brandenburger Tor: Kritische Situation (...) Begrüßungsgeld: Zum Teil chaotische Szenen. Bei der Sparkasse ab 06.00 Uhr Schlangen von Antragstellern. Einzelne noch im Schlafanzug.«[357]

Am Vormittag musste Dieter Schröder die Alliierten um Hilfe bitten: Zur »psychologischen Stärkung« der West-Berliner Polizei sei die Präsenz der Militärpolizei am Brandenburger Tor wünschenswert.[358] Das Tor hatte sich schnell zum neuralgischen Punkt entwickelt. Ein MfS-Bericht aus der Nacht vom 10. November 1989 dokumentiert die riskante Lage: Nach einer Demonstration der REP hielten sich auch vermummte Skinheads im »Handlungsraum« der Grenztruppen auf, mehrere »Abweiserrohre« (so die offizielle Bezeichnung der abgerundeten Mauerkrone) wurden hinab gestoßen und Einzelne versuchten, eine Tür in der Mauer aufzumeißeln.[359] Die »Provokateure« wurden mit »Wassersprührohre[n] bekämpft«.[360] Am Mittag des darauffolgenden Tages vereinbarten der Berliner Polizeipräsident Schertz und Oberst Leo vom Grenzkommando Mitte am Checkpoint Charlie eine enge Zusammenarbeit.[361] Die eigens gegründete Arbeitsgruppe der West-Berliner Polizei beklagte intern, dass weder eine Kontrolle der Ein- und Ausreise noch des ausgezahlten Begrüßungsgeldes möglich sei. Die »Polizeiführung« gestand ebenfalls ein, »daß die Sicherheitslage bezüglich der einreisenden Polen nicht mehr beherrscht wird«, analysierte einen »deutlichen Zuwachs von DDR-Waren«, die durch polnische Bürger in West-Berlin zum Verkauf angeboten wurden, und stellte fest, dass der »Sextourismus der Polen« ein »weiteres großes Problem« sei.[362] Der Rat der Bezirksbürgermeister beschloss, Sporthallen als Notunterkünfte zu nutzen: 1.200 DDR-Bürger befanden sich zu diesem Zeitpunkt in Marienfelde, 500 weitere wurden erwartet.[363]

Am Mittag des 10. November 1989 war der Regierende Bürgermeister nach Bonn geflogen und hatte in seiner Eigenschaft als Präsident vor dem Bundesrat gesprochen: »Gestern Nacht war das deutsche Volk das glücklichste Volk auf der Welt!« Es sei der »Tag des Wiedersehens« gewesen und die Mauer habe »ihren trennenden Charakter verloren«.[364] Für den Abend hatte der Senat zu einer Kundgebung vor das Schöneberger Rathaus geladen, zuvor wurden die Reden aus dem Abgeordnetenhaus auf den John-F.-Kennedy-Platz übertragen. Die Anwesenden wurden Zeugen einer typischen Debatte, in der die Parteien wiederholt um die aus den Ereignissen zu ziehenden Schlüsse stritten. Um 13 Uhr eröffnete Parlamentspräsident Jürgen Wohlrabe die Sitzung und begrüßte die Bonner Gäste Willy Brandt und Dorothee Wilms. Eberhard Diepgen verkündete voller Pathos: »Dieser Sozialismus ist tot, die Mauer ist offen, die Freiheit lebt! Berlin hat sich heute Nacht wieder als die wahre Hauptstadt erwiesen.« Er forderte den Abriss der Mauer, das Ende des Machtmonopols der SED, eine gesamtstädtische Planung und die Einheit Deutschlands. Ausgerechnet während der nicht gerade von nationalen Gefühlen geprägten Rede des AL-Vorsitzenden Statz trafen Helmut Kohl und Hans-Dietrich Genscher in Begleitung weiterer Minister ein. Mit der Rede des Republikaners Frank Degen begann die Sitzung einen verhängnisvollen und dem freudigen Anlass wenig entsprechenden Verlauf zu nehmen: Rufe und Pfiffe drangen vom Platz herein, Anwesende öffneten die Fenster, um dem Redner die Ablehnung seiner Partei zu demonstrieren und wurden daraufhin durch die Ordnungskräfte aus dem Saal gebracht. Degen wurde nach jedem Satz durch Zwischenrufe unterbrochen und trug final Zeilen

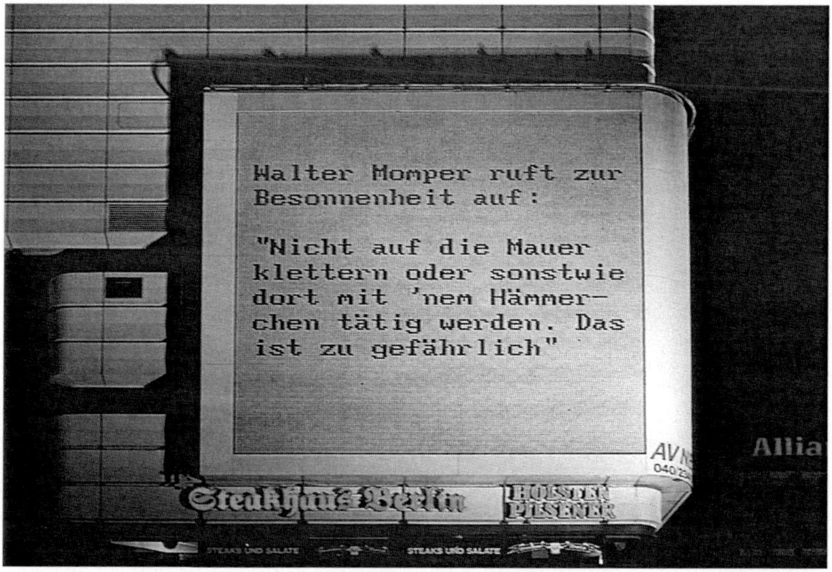

Die Infowand am Ku'damm-Eck ermahnt die Feiernden.

aus der Nationalhymne der DDR vor. Den Höhepunkt erreichte das Drama jedoch, als der einstige REP-Abgeordnete Bernhard Andres die Nationalhymne anstimmte und daraufhin des Rednerpultes verwiesen wurde. Schließlich setzten AL und SPD eine Änderung der Erklärung zur aktuellen Lage durch. Der von der CDU vorgeschlagene Text enthielt den Wunsch, dass »das deutsche Volk in freier Selbstbestimmung seine Einheit erlangen kann«. Die finale Fassung verzichtete darauf:

> Das Abgeordnetenhaus von Berlin hält fest an dem Ziel, auf einen Zustand des Friedens und der Einheit in Europa hinzuwirken, in dem auch das deutsche Volk in freier Selbstbestimmung zu der Gestaltung seines Zusammenlebens gelangen kann, für die es sich in Ausübung seines Selbstbestimmungsrechtes entscheidet.[365]

Im Anschluss an die Sitzung, kurz nach 17 Uhr, begaben sich die Abgeordneten auf die Rathaus-Treppe. Der denkbar schlechteste Start für eine Kundgebung, die eigentlich die Freude über die Öffnung der Mauer hatte zum Ausdruck bringen sollen, fand hier eine nicht weniger unangenehme

Fortsetzung. Ursächlich war, so die weit verbreitete Meinung unter Historikern und Zeitzeugen, eine für die anwesenden CDU-Politiker unglückliche Planung: Der Berliner Landesverband hatte zu einer separaten Veranstaltung vor der Gedächtniskirche geladen.[366] Walter Momper erinnert sich, dass »vornehmlich junge Leute in Jeans und Lederjacke« gekommen waren und keine älteren Berliner, »die sich noch an den Mauerbau und John F. Kennedys legendären Auftritt 1963 erinnerten«[367]. Ralf Hirsch spricht von einer lautstarken Minderheit aus Kreuzberg, die gegen Kohl und gegen eine Einmischung in die Entwicklung der DDR protestierte.[368] Laut Helmut Kohl »tobte« ein »linker Pöbel« auf dem Platz.[369] US-Präsident Bush gegenüber betonte er am Abend, »dies sei nicht das wirkliche Berlin« gewesen.[370] Auch Landowsky unterschied im Rückblick zwischen richtigen und falschen Einwohnern: »Wo Berlin gestanden hat, das wissen wir: vor der Gedächtniskirche. Hier unten haben Sie [die Abgeordneten der AL, S. E.] mit Ihrem organisierten Klüngel gestanden!«[371] Laut Lagebericht des Innensenators sollte die CDU-Veranstaltung allerdings erst im Anschluss stattfinden, eingeleitet durch einen Marsch vom Rathaus zur Gedächtniskirche. Somit muss davon ausgegangen werden, dass sich unter den ca. 50.000 Anwesenden nicht nur Anhänger von SPD und AL befanden.[372] Dennoch bezeugt diese getroffene Unterscheidung zwischen »richtigen« und »falschen« Berlinern die Wahrnehmung eines Bruchs: Das vor Ort erlebte West-Berlin wollte sich dem imaginierten nicht fügen – wer das West-Berlin aus Kennedys Tagen erwartet hatte, wurde enttäuscht. Die Meistererzählung von der Stadt, die stets ausgeharrt hatte, um die Einheit der Deutschen einzufordern, war längst zum Mythos geworden. Doch das Narrativ eines in der Teilung angekommenen Berlins wurde an diesem Abend ebenfalls zu einem Mythos, dessen Anhänger die möglichen Konsequenzen der jüngsten Ereignisse nicht wahrhaben wollten.

Als erster Redner trat der Regierende Bürgermeister an diesem Abend ans Mikrofon:

> In der DDR wird jetzt ein faszinierendes Kapitel deutscher Geschichte geschrieben. Dieses Kapitel der Geschichte, das wird vom Volk der DDR selbst geschrieben! Wir beglückwünschen die Bürgerinnen und Bürger der DDR zu ihrer friedlichen und demokratischen Revolution.[373]

Diese Sätze sorgten für große Turbulenzen: Der Chef der Senatskanzlei musste später in seiner Eigenschaft als Jurist und Völkerrechtsexperte vor dem Abgeordnetenhaus erklären, warum der Regierende vom »Volk der DDR« sprechen konnte, ohne gegen das Grundgesetz zu verstoßen.[374] Der Kalte Krieg war stets auch ein semantischer Krieg gewesen.

Der einstige Berliner Bürgermeister Willy Brandt wiederholte zur Freude der Anwesenden seinen bekannten Satz: »Berlin wird leben und die Mauer wird fallen.«[375] Mit Jubel quittierten die Zuhörer auch die Sätze Hans-Dietrich Genschers: »In den Straßen Berlins wird in diesen Stunden bezeugt, daß 40 Jahre der Trennung aus einer deutschen Nation nicht zwei Nationen gemacht haben. Es gibt keine kapitalistische, es gibt keine sozialistische, es gibt nur eine auf Freiheit und Frieden verpflichtete deutsche Nation.«[376] Die Worte Helmut Kohls hingegen wurden von Beginn an durch Pfiffe und Buh-Rufe begleitet – lediglich seine Forderung nach freien Wahlen und der Abschluss seiner Rede wurden mit kurzem Klatschen honoriert. Da auf die Nation bezogene Worte von Brandt und Genscher durchaus bejubelt wurden, muss davon ausgegangen werden, dass die Buh-Rufe nicht ausschließlich auf ein wiedervereinigungsfeindliches Publikum zurückzuführen sind, sondern speziell Kohl als Person galten. Viele Anwesende hatten die Debatte infolge einer unglücklichen Formulierung, in der Kohl indirekt Gorbatschow mit Goebbels verglichen hatte, noch in Erinnerung. 1986 hatten in einer Umfrage des Emnid-Instituts 90 Prozent diese Äußerung als Fehler bezeichnet.[377] Auch eine Kranzniederlegung auf dem Soldatenfriedhof in Bitburg, auf dem auch ehemalige Mitglieder der Waffen-SS beerdigt liegen, sowie seine jüngste Polenreise hatten einen großen Teil der Bundesrepublik gegen ihren Kanzler aufgebracht.[378] Nur 57 Prozent der Westdeutschen wünschten im November 1989, dass Kohl auch weiterhin in der deutschen Politik eine Rolle spielte.[379]

Die zum Abschluss angestimmte und ohne musikalische Begleitung furchtbar schief klingende Nationalhymne ging im Protest der Menge unter. Hatte am Abend zuvor der Bundestag noch aus Ergriffenheit die Hymne angestimmt, erlebten die Bonner in Berlin nun, wie dieser symbolische Akt erst zur Entfernung eines Politikers durch den Ordnungsdienst und dann zu einer protestierenden Volksmasse führte. Krijn Thijs deutet die Ereignisse des 10. November 1989 daher als das Aufeinanderprallen zweier politischer Kulturen mit langfristigen Konsequenzen:

> Die peinliche Treppenszene fällt bis heute in jeder Fernsehdokumentation oder DVD aus der Reihe: Die »Insulaner« hatten sich danebenbenommen. Viele Bonner Gäste waren zutiefst enttäuscht und beleidigt. West-Berlin er-

> wies sich endgültig sich als ein schwieriges, undankbares Pflaster, als eine eigene Erfahrungswelt. Der Affront sollte bei vielen Westdeutschen die Berlin-Skepsis bis tief in die Hauptstadtdebatte von 1991 nähren und diente den Freunden Bonns als Beweis dafür, dass man inmitten dieses Straßenmobs nicht in Ruhe regieren könne. Aus München ertönte mit Verweis auf den 10. November die Warnung vor einer »Hauptstadt Kreuzberg«. Der Erfahrungsraum West-Berlin schien dem ganzen Geschehen im besten Falle ambivalent gegenüberzustehen, und genau das gilt seit 1990 scheinbar eher als Argument gegen als für eine nähere Erforschung.[380]

Während die Berliner feierten, rätselte der Senat, ob die neue Regelung von Dauer sein würde. Im Laufe des Vormittags hatte die Nachrichtenagentur ADN informiert, die DDR wolle die freie Reise ohne Visum aufrechterhalten.[381] Ein Schritt zurück war nicht mehr möglich: Am 16. November existierten bereits 33 Übergänge zwischen Ost- und West-Berlin, 22 davon für Privatreisen.[382] Für die West-Berliner galten jedoch schon im Laufe des 10. November 1989 wieder die alten Regeln. Seit dem Vier-Mächte-Abkommen mussten sie in einem der fünf Büros für Besuchs- und Reiseangelegenheiten der DDR in ihrer Stadthälfte einen Berechtigungsschein beantragen. Diese Büros der Arbeitsgruppe XVII des MfS befanden sich in Charlottenburg, Steglitz, Kreuzberg, Wedding und Spandau. Hier musste der »behelfsmäßige Personalausweis« vorgezeigt werden, ein spezieller Ausweis für West-Berliner Einwohner. Darüber hinaus hatte der Antragsteller den Grund der Reise anzugeben und sich für einen Grenzübergang für die Ein- und Ausreise zu entscheiden. Erst zu Weihnachten endete diese Prozedur; nun konnten die West-Berliner mit ihrem Personalausweis für 30 Tage in den Osten der Stadt reisen. Sie hatten nur eine Zählkarte auszufüllen, die bei der Ausreise wieder abgegeben wurde. Auch der Zwangsumtausch von 25 DM wurde abgeschafft.[383] Am 1. Juli 1990, dem Tag der Wirtschafts-, Währungs- und Sozialunion, wurden schließlich auch die Passkontrollen gänzlich eingestellt.

Politische Deutungen der Grenzöffnung

Als Resultat der Grenzöffnung und der damit verbundenen Emotionalisierung vieler Themen veränderte sich auch die Bezeichnung für die Entwicklung in der DDR. Schnell dominierte der Begriff »Revolution«. Momper, der in seiner Ansprache vor dem Rathaus die DDR-Bürger bereits zu ihrer »friedlichen und demokratischen Revolution« beglückwünscht hatte, wiederholte die Formulierung eine Woche später im Abgeordnetenhaus. Auch Harry Ristock freute sich über »die erste friedliche, wirkliche Revolution« in Deutschland, warnte aber davor, durch das Reden über die Wiedervereinigung den »Reformprozessen in Polen, in Ungarn und denen in der DDR« zu schaden. Heidi Bischoff-Pflanz stellte für die AL sprechend fest, die West-Berliner seien in den letzten Wochen »Zuschauer« einer »Revolution« gewesen und man müsse nun den »Wunsch nach Sozialismus« der DDR-Bevölkerung respektieren. Diepgen sprach von der »Volksbewegung der DDR«, der Staffelt die »Demokratiebewegung« an die Seite stellte. Für den AL-Politiker Bernd Köppl war diese »siegreiche revolutionäre Volksbewegung« der Beweis, dass die DDR-Bevölkerung eine »Obhutspflicht« seitens der Bundesrepublik nicht nötig hat: »Dieses Volk der DDR spricht ab dem 9. November 1989 für sich selbst.« Auch Landowsky bestätigte, die »Entwicklung in der DDR ist (...) – seitdem wir sie als revolutionär empfinden – sieben Tage alt.« Nicht die Demonstrationen in Leipzig, das an die Öffentlichkeit Treten der DDR-Opposition oder die Verkündung der Wende wurden als revolutionär erachtet, sondern die Demonstration am 4. November 1989 und die Grenzöffnung.[384]

Die kurzfristigen Forderungen, die die Fraktionen aus den Ereignissen ableiteten, ähnelten sich: Bau- und Verkehrswesen, Umweltschutz und Kulturpolitik müssten umgehend von Ost- und West-Berlin gemeinsam angegangen werden. Dies könne, so Momper, an einem »Runden Tisch«[385] geschehen oder, so Diepgen, in Form eines gemeinsamen Rats, der als »Beratungsgremium« fungierte. Weitere Einigkeit bestand hinsichtlich einer baldigen Öffnung des Brandenburger Tors, der Abschaffung des Mindestumtauschs, einer freien Reise in die DDR für West-Berliner, der Beendigung aller Einreisesperren sowie dem Wunsch nach freien Wahlen in der DDR. Dieser Konsens endete, sobald es um längerfristige Ziele ging. Während Diepgen das Ende der Planwirtschaft verlangte und, wie auch der Republikaner Pagel, für eine Währungs- und Wirtschaftsunion eintrat,[386] verwiesen SPD und AL darauf, dass man die Hilfe an keinerlei Bedingungen knüpfen dürfe.[387] Das freudige Ereignis der Grenzöffnung hatte das Berliner Parlament nicht zusammenrücken lassen.

Sorgen, Hoffnungen und Annäherungen

Die neue Situation schürte Sorgen und Hoffnungen zugleich – die Palette der Berlin zugeschriebenen zukünftigen Rollen reichte vom »Armenkaufhaus«[388] über das »Zentrum deutsch-deutscher Annäherung«[389] bis hin zur »Metropole des Ostens«[390]. Einig waren sich die überregionalen Medien, dass die »Spree-Metropole« aus einem »Dornröschenschlaf«[391] erwacht sei, denn nach dem Mauerbau sei die Insel »weder Bollwerk noch Schaufenster mehr«[392] gewesen und in eine »politische Randlage geraten«[393]. Doch die »einzige Millionenstadt mit provinziellen Zügen«[394] sei nun auf dem Weg »zur Metropole von morgen«[395]. Das links-alternative Milieu leitete aus den Veränderungen andere Wünsche ab: »Es kann und darf nicht sein, daß in der DDR Geschichte gemacht wird und im Westen nichts Neues passiert«[396], so Harald Wolf in der AL-Parteizeitung *Stachel*. Peter Lohauß frohlockte: »Für Westberlin wird sich – ganz anders als in der DDR, aber doch auch – sehr scharf die Frage stellen, ob und wie ›ein Mix aus Kapitalismus und Sozialismus‹ möglich ist.«[397] Karl Schlögel prognostizierte die »bizarrsten Produktions- und Eigentumsformen – von staatssozialistisch bis zum Naturalientausch« im Verlauf dieses Prozesses der »Stadtwerdung in Mitteleuropa«[398]. Der Schriftsteller Peter Schneider zitierte einen Freund mit der Feststellung, dass »es schon typisch nach östlichem Elend riecht«[399]. Die Berliner Presse zeigte sich weniger visionär und dokumentierte akribisch die grenzübergreifende Annäherung, denn der Dezember 1989 stand im Zeichen des Kennenlernens und des institutionellen Zusammenwachsens. Den Startschuss gab das Treffen beider Bürgermeister am 5. Dezember 1989, anlässlich dessen beschlossen wurde, »sofort mit der Zusammenarbeit zu beginnen, um den Zeitraum bis zur Entscheidung der Regierungen zu nutzen«[400]. In den darauffolgenden Wochen wurden Tatsachen geschaffen im Sinne einer schnellen und breit angelegten Verflechtung beider Stadthälften. Noch am selben Tag nahm die Zusammenarbeit der Abteilung Volksbildung und dem Senat für Schule, Berufsausbildung und Sport ihren Lauf,[401] am 6. Dezember traf sich der Senator für Arbeit, Verkehr und Betriebe mit seinem Ost-Berliner Pendant,[402] am 7. Dezember wurde das Stattfinden der *Berlinale* in beiden Stadthälften genehmigt,[403] am 11. Dezember traf sich der Stadtrat für Kultur mit Vertretern des Senats,[404] zehn Tage später bildete sich eine gemeinsame Arbeitsgruppe zum Thema Jugend.[405] In den Gesprächen wurden zahlreiche Maßnahmen beschlossen, die die Grenze Schritt für Schritt grotesk erscheinen ließen: Ein gemeinsamer Ferienpass, einheitliche Fahrpläne für den Nahverkehr, eine Angleichung der Museumsbestände, der Austausch von Veranstaltungen, gemeinsame Gesprächsrunden, Arbeitsgruppen und Weiterbildungen und vieles mehr.

Berlins Rückkehr als Bühne

Symbolische Handlungen als Form der sichtbaren Politik erreichten in den Monaten nach dem 9. November 1989 ein fast inflationäres Ausmaß – Berlin kehrte als Bühne der internationalen Politik zurück.[406] Durch die massenhafte Beteiligung der Berliner und Berlin-Besucher avancierte jedes Entfernen eines Mauerstücks sowie jede Öffnung eines neuen Grenzübergangs zum lokalen wie medialen Happening. An besonders symbolträchtigen Orten nahmen Politiker aus beiden deutschen Staaten an den Feierlichkeiten teil. Das erste derartige Ereignis war die Eröffnung des provisorischen Grenzübergangs am Potsdamer Platz durch beide Bürgermeister.[407] Die wohl meiste Beachtung erfuhr die Öffnung des Brandenburger Tors am 22. Dezember 1989. Modrow und Kohl begrüßten sich und durchquerten unter anderem in Begleitung von Walter Momper, Erhard Krack, Eberhard Diepgen und Lothar de Maizière das Brandenburger Tor von West nach Ost – man traf sich nun nicht mehr, wie noch am Potsdamer Platz, in der Mitte. Modrow, der in seiner anschließenden Rede konsequent von Ost-Berlin als der Hauptstadt der DDR sprach, versuchte noch einmal, die Versammelten von der Reformfähigkeit der SED zu überzeugen: »Die Öffnung des Brandenburger Tors signalisiert heute der ganzen Welt die denkbar beste Absicht, Begegnungen von Menschen zu fördern. Nehmen Sie es als ein neues Zeichen des guten Willens meiner Regierung, diesem humanistischen Anliegen zu dienen.« Kohl betonte hingegen, er sei »hier in Berlin mitten in Deutschland« und bekundete, man würde alles tun, »um die Gemeinsamkeit der Deutschen zu pflegen«. Im Gegensatz zum 10. November erntete er an diesem Tag Applaus für die Betonung der nationalen Einheit. Alle Reden spiegeln den Wunsch wider, Europa die Sorge vor den weiteren Entwicklungen in Deutschland zu nehmen.[408] Ursächlich für die Betonung des Friedenswillens war auch das Bewusstsein für die Symbolik des Ortes. Das Brandenburger Tor war ein mehrfach besetzter Erinnerungsort. Es ist das wohl überragendste Symbol nationaler »Geschichtserfahrung auf deutschem Boden«: Mit der Siegesgöttin Viktoria als Fahrerin der Quadriga erinnerte es an die Kriege des 19. Jahrhunderts und diente »der monarchisch-militärischen Repräsentation des preußisch-deutschen Reiches«. In Form des Bildes der durch das Tor ziehenden Nationalsozialisten ging es als ikonische Verdichtung der sogenannten »Machtergreifung« in das kollektive Gedächtnis ein. 1945 hisste hier die Rote Armee die sowjetische Fahne und verkündete somit den Sieg über Deutschland – das Tor war zum »Zeichen von Sieg und Niederlage deutscher Waffen« geworden. Wenig später hatte es den Hintergrund für den Volksaufstand von 1953 gestellt und avancierte dann zum Symbol des Kalten Krieges – mitten im Sperrgebiet stehend, versinnbildlichte es die deutsche Teilung. Richard von Weizsäcker wurden die Worte zugeschrieben: »Solange das Brandenburger Tor geschlossen ist, bleibt die deutsche Frage offen.«[409] Nun war das Tor geöffnet.

Eine Woche später, zur legendären Silvesterfeier 1989/90, kamen Hunderttausende zum Brandenburger Tor, um das neue Jahr zu begrüßen. Nur ein Vorfall überschattete die Feier: Gegen 1.30 Uhr brach das Gerüst der Videoleinwand der Sendung *Elf99* unter der Last Hinaufkletternder zusammen, Hunderte stürzten in die Tiefe, ein Mensch starb.[410] Claus Christian Malzahn schob dies in der *taz* dem »Ereignisdruck« zu und forderte den Abzug der internationalen Presse.[411] Die Stimmung wurde als »deutschnational«, »deutschtümelnd« oder »deutsch-deutsche Feierwut« beschrieben.[412] Die *taz*-Journalisten zeichneten ein Bild, als wären ausschließlich Touristen vor Ort gewesen, um »ihr authentisches 9.-November-Erlebnis« zu haben.[413] Auch die *B.Z.* berichtete über die »Katastrophe«.[414] Der *Tagesspiegel* wusste gar von 271 Verletzten[415] und betonte, dass »das Englische (Amerikanische) eindeutig zu dominieren« schien, neben »französisch und italienisch«[416]. Das Unterstreichen des hohen Anteils an Nicht-Berlinern bezeugt eine gewachsene emotionale Distanz zum Geschehen.

Stimmungswandel und Angst vor dem Kollaps der DDR

Neben den kleinen und großen Akten des Wiedersehens und Neuentdeckens wurden zunehmend die negativen Seiten der Entwicklung deutlich. Die Zahl der Übersiedler ließ trotz Reisefreiheit und angekündigten Reformen nicht nach und die Notaufnahmelager registrierten, dass es vermehrt zu Unruhen aufgrund der beengten räumlichen Situation und missmutigen Stimmung kam.[417] Am 1. Januar 1990 befanden sich 25.057 Aus- und Übersiedler in West-Berlin, davon 2.844 in Notquartieren (Schlafsälen), der Rest in Übergangswohnheimen. Die Unterbringung in Turnhallen war Ende Dezember aufgegeben und dann wieder aufgenommen worden, nachdem erneut zahlreiche Flüchtlinge – nun auch vermehrt vietnamesische Gastarbeiter der DDR – gekommen waren.[418] Die Prognosen für das Jahr waren alarmierend: »Alle uns vorliegenden Daten sprechen dafür, daß sich die Bundesrepublik 1990/91 auf rund eine Million Übersiedler einstellen muß«, stellte Anne Köhler im *Deutschland Archiv* Anfang 1990 fest. Hinzu rechnete sie weitere DDR-Bürger, die ihre Ausreise von den Entwicklungen in der DDR abhängig machen würden: »Mindestens drei Millionen sitzen in der DDR in ›Warteposition‹.«[419] Mit der Zeit ließ das Verständnis für die Übersiedler nach.[420] Im Januar 1990 durch das Allensbacher Institut befragt, bekundeten 64 Prozent der Westdeutschen Respekt gegenüber denen, die in der DDR blieben und nur 16 Prozent stimmten zu, dass Übersiedler Respekt verdienten, da sie viel zurückgelassen hätten, »um in Freiheit leben zu können«. Drei Monate später kritisierten 58 Prozent, es werde den Übersiedlern zu leicht gemacht, sich in der Bundesrepublik niederzulassen.[421] Zwischen Dezember 1989 und Januar 1990 führte Infratest eine Umfrage unter 1.002 DDR-Flüchtlingen durch, die eine Diskrepanz zwischen West-Berlin und der Bundesrepublik aufzeigte: 60 Prozent gaben an, durchweg positive Erfahrungen mit den Bundesbürgern gemacht zu haben; in West-Berlin betrug der Anteil nur 47 Prozent. Auch bei der Bewertung von Behörden schnitt West-Berlin schlechter ab: 43 Prozent statt 54 Prozent hatten ausschließlich gute Erfahrungen gemacht, 10 Prozent im Vergleich zu 6 Prozent bewerteten sie als eher negativ.[422] Erst nach der Volkskammerwahl verringerte sich die Zahl der Übersiedler.[423] Am 1. Juni 1990 hielten sich noch 16.826 Aus- und Übersiedler in Heimen des Landesamtes für Zentrale Soziale Aufgaben und 2.439 in den 109 Unterkünften der Bezirksämter auf. Zum gleichen Zeitpunkt waren 9.017 Asylbewerber und 1.741 ehemalige Asylbewerber in 64 Heimen untergebracht.[424]

Schnell war in West-Berlin deutlich geworden, dass Regeln geschaffen werden mussten, um das Zusammenleben bei offener Grenze zu gestalten. Sollten beispielsweise im Westteil der Stadt Studierende Ost-Berliner BAföG erhalten? In DDR-Mark umgetauscht hätte es das Gehalt eines

Facharbeiters übertroffen.[425] Wie war mit der infolge einer nicht nötigen Anmeldung unüberschaubar gewordenen Zahl an Menschen umzugehen, die in West-Berlin eine geringfügige Beschäftigung aufgenommen hatten und nun mit ihrem Zweitjob mehr verdienten als mit ihrer eigentlichen Tätigkeit in Ost-Berlin?[426]

Aufgrund der Tatsache, dass DDR-Bürger zugleich deutsche Staatsbürger waren, hatten sie nach bundesdeutschen Gesetzen auch das Recht, in West-Berlin zu arbeiten und zu studieren – eine Meldepflicht wurde erst zum 1. Januar 1990 eingeführt.[427] Auch wuchs das Problem des Missbrauchs durch Schwarzarbeit und der Beantragung von Sozialleistungen. Noch immer wurden täglich 600 bis 700 DDR-Bürger als Übersiedler registriert. Im Gespräch mit Bundeskanzler Kohl Anfang Dezember bekundete die Gesundheits- und Sozialsenatorin und Bürgermeisterin Ingrid Stahmer, dass es sich bei »20% dieser Zugänge« um »gescheiterte DDR-Bürger« handle und »immer mehr Sozialarbeiter für die Betreuung dieses Personenkreises« benötigt werden würden. Stahmer gab ebenfalls zu bedenken, »daß es schon jetzt einen schwunghaften Handel mit fingierten Wohnsitzen in Berlin gebe«. Auch entwickle sich eine Art »Medizin-Tourismus«, der die Krankenkassen stark belaste.[428] Gemäß einem Bericht des Bundesrechnungshofes ließen sich »rund 60 Prozent der DDR-Flüchtlinge, die in Berlin ankommen, (...) erst mal arbeitsunfähig« schreiben und würden somit monatlich zusätzlich zwei Millionen DM Kosten verursachen.[429] Die Berliner Delegation und die Runde im Bonner Kanzleramt waren sich einig, »darüber nicht zu viel öffentlich zu reden«.[430]

Auch für Ost-Berlin hatte die offene Grenze negative Konsequenzen: Das Währungsgefälle und die staatliche Subvention der Waren ermöglichten den West-Berlinern billige Einkäufe und Gaststättenbesuche, die jedoch die Versorgungslage in der DDR noch verschärften.[431] Schmuggel und Devisenspekulation nahmen zu.[432] Als die DDR am 19. Februar 1990 begann, die Mauer abzureißen, waren auch Zollkontrollen hinfällig.[433]

Bei allen Überlegungen stand somit die Frage im Vordergrund, wie die Lage in der DDR so zu stabilisieren sei, dass keine weiteren Flüchtlinge kommen und die Verwaltung nicht zusammenbricht. Parallel sollten die Maßnahmen nicht dazu dienen, die SED zu stärken.[434] West-Berlin war von der Entwicklung in der DDR abhängig wie kein zweiter Ort in der Bundesrepublik. Dies war der Grund, warum die zögerliche Haltung der Bundesregierung gegenüber Hilfen für die DDR sowie die zunehmenden

Forderungen nach einem Abbruch aller Verhandlungen mit der SED vom Senat kritisiert wurden.[435]

Die berlinspezifischen Fragen konnte nur ein Gremium klären, welches grenzübergreifend arbeitete. Als »Vorgriff auf einen gemeinsamen Regionalausschuss« trafen sich Anfang Dezember die beiden Berliner Bürgermeister und schlossen »ein kleines Zwei-Mächte-Abkommen«, wie beide im Anschluss kommentierten.[436] Dies war insofern sensationell, als noch wenige Wochen zuvor beide Ämter die Legitimität des Gegenübers ausgeschlossen hatten. Der Begriff, der das Treffen auf die Ebene des Abkommens der Siegermächte hob, verdeutlicht die empfundene Besonderheit der Vereinbarung sowie den Wunsch nach Bedeutung im weiteren Verlauf des Prozesses. Das Vier-Mächte-Abkommen stand in der Geschichte Berlins für die Beseitigung von Unklarheiten, die mehrfach zu bedrohlichen Situationen geführt hatten. Das Spiel mit diesem Begriff signalisierte eine ähnliche Motivation: Es sollte der Grundstein für ein friedliches Miteinander zur Vermeidung einer Katastrophe gelegt werden. Weniger symbolträchtig, aber ebenso ergebnisreich war die Unterredung zwischen Walter Momper und Hans Modrow am 12. Dezember 1989. Neben der Erlaubnis zur Bildung eines berlinweiten Beratungsgremiums erteilte das Staatsoberhaupt der DDR die gewünschte Genehmigung für einheitliche Reisebedingungen ab dem 1. Januar 1990.[437] Ziel sei es nun, »die Hauptstadt der DDR und Berlin (West) zu einem Zentrum neuer Impulse für die Ost-West-Zusammenarbeit im Herzen Europas«[438] zu machen. Berlin wuchs zusammen, lange bevor die deutsche Einheit beschlossen war.[439]

Der Provisorische Regionalausschuss konstituierte sich am 22. Dezember 1989 und hatte »die Aufgabe, den zuständigen Stellen Empfehlungen zu geben, um Entwicklungen in der Region zu fördern, Fehlentwicklungen rechtzeitig zu erkennen und ihnen entgegenzuwirken«[440]. Mit Hilfe von 15 Arbeitsgruppen, die paritätisch aus Ost- und West-Berlinern zusammengesetzt waren, wurden Vorschläge und Stellungnahmen für die zuständigen Stellen in Ost- und West-Berlin erarbeitet.[441]

Der Regionalausschuss sollte Vorbildcharakter haben und als Modell dienen:

> Berlin hat hier eine besondere Aufgabe, die auch den Aufbau der Verwaltungen in den neuen Bundesländern beeinflussen wird. Mit Interesse wird allseits beobachtet werden, ob und auf welche Weise es der deutschen

> Hauptstadt gelingt, die viel beschworene Integration unterschiedlicher Lebenskreise tatsächlich zu vollziehen und gleichzeitig – vielleicht sogar modellhaft – richtige und akzeptierte Weichen für eine Zukunftsentwicklung zu stellen, die voraussehbar maßgeblich von engen finanziellen Haushalten und wachsenden sozialen Problemen geprägt sein wird. Dies gilt umso mehr, als Berlin nicht nur die eigenen Probleme der Zusammenführung zweier Stadthälften zu bewältigen hat, sondern auch im besonderen Maße von der Abwicklung der DDR-Zentralverwaltung betroffen ist. (...) Wichtiger [als die Einhaltung von Prinzipien, S.E.] ist, daß möglichst viel von dem gesamten Umfeld bedacht und abgedeckt wird und bei dem Zusammenführungsprozeß, der zugleich immer auch eine Auseinandersetzung mit unterschiedlichen menschlichen Erfahrungen und Erwartungen ist, eine Organisations- und Lebenskultur praktiziert wird, die als beispielhaft für den Einigungsprozeß Deutschlands angesehen werden kann.[442]

Das institutionelle Zusammenwachsen verdient ein eigenes Buch. Zu schön ist die Aufbruchsstimmung und die Begeisterung, die sich bisweilen in den Dokumenten spiegelt: vom enthusiastischen und von der neuen Offenheit ergriffenen DDR-Bürger, der unbedingt mitarbeiten möchte, bis hin zu schier größenwahnsinnigen Projektideen, die man doch nun in Berlin verwirklichen müsse, um die neue Situation gebührend zu würdigen.[443] Diese Euphorie war allerdings nur die eine Seite der Medaille, denn während sich die einen ans Werk machten, um die Zukunft zu planen, waren andere damit beschäftigt, mit denen abzurechnen, die für die Vergangenheit verantwortlich waren. Angst machte sich breit, besonders in der politischen Klasse. Hatte man bis wenige Tage nach der Grenzöffnung Furcht vor einer militärischen Reaktion gehabt, so dominierte nun die Sorge vor dem wirtschaftlichen Kollaps der DDR, der Rachsucht des Volkes und einem Ausnutzen des entstandenen Machtvakuums durch die SED.[444]

Mediale Wahrnehmungen der Entwicklung

Gemäß der medialen Berichterstattung scheint besonders die Zeit zwischen dem 5. und 15. Januar 1990 von Angst geprägt gewesen zu sein. Nachdem Unbekannte am Sowjetischen Ehrenmal in Treptow antisowjetische und nationalistische Sprüche angebracht hatten, nutzte die SED die Gunst der Stunde, um die Notwendigkeit eines Fortbestehens des Sicherheitsdienstes zu begründen, und mobilisierte Zehntausende, um am 2. Januar 1990 gegen ein Erstarken des Neofaschismus zu demonstrieren. Die einstige Staatspartei und das MfS bemühten sich, alte Feindbilder zu reaktivieren, während sie zeitgleich durch die begonnene Aufdeckung des Ausmaßes der Bespitzelung und Korruption selbst immer mehr zum Ziel von Gespött, Verachtung und Hass wurden. In diesen zehn Tagen zog sich die Opposition kurzzeitig vom Runden Tisch zurück, 20.000 Menschen demonstrierten vor der Volkskammer gegen die Staatssicherheit, persönliche Racheakte gegen MfS-Mitarbeiter nahmen zu, bis die Lage schließlich am 15. Januar in der Besetzung der Berliner Zentrale des Geheimdienstes kulminierte.[445]

Die *B.Z.* beschuldigte die SED, mittels einer »Angst-Kampagne« alle kritischen Stimmen »mundtot machen« zu wollen[446] und die DDR-Bürger »um die Früchte ihrer friedlichen Revolution« zu bringen.[447] Der *Tagesspiegel* warnte, »man muß jetzt aufpassen, daß sich nicht die alte Gesetzmäßigkeit bestätigt, daß eine Revolution um so weniger eine Revolution ist, je friedlicher sie verläuft«, denn es könne sich »schnell die Restauration in die Revolution« einschleichen.[448] Nur einen Tag später, am 6. Januar, hieß es in der *B.Z.*: »Alles steht jetzt auf der Kippe! Klima in der DDR verschärft sich«.[449] *B.Z.* und *Tagesspiegel* waren sich einig: Die SED nutzt das Zögern ihrer Gegner, um die Macht der Partei erneut zu festigen. Die Oppositionsgruppen würden behindert und seien selbst auch nicht in der Lage, klare Ziele zu definieren.[450] Die *B.Z.* zitierte *Die Welt*: »Fragen an die DDR-Oppositionsgruppen: Wollen sie die staatliche Einheit – oder nicht? Wollen sie Marktwirtschaft, oder wollen sie diese Ordnung nicht? Ein wenig von jedem, vom Sozialismus und vom Markt, das geht eben nicht – so wenig es ein bißchen Schwangerschaft geben kann!«[451] Der *Tagesspiegel* betonte, die Gruppen müssten aus der »selbstgewählten Isolation« heraustreten und die Demokratie sichern.[452] Die *taz* berichtete zwar von den internen Schwierigkeiten des Neuen Forums[453], entzog sich allerdings jeglicher Wertung und konzentrierte sich auch in den folgenden Wochen auf die Information zu grenzübergreifenden Umwelt- und Kulturprojekten.[454] Insgesamt ließ die DDR-Berichterstattung der *taz* deutlich nach und wurde zunehmend zynisch im Tonfall.[455] Die Redakteurin Ute Scheub trauerte Ende Januar 1990, dass die gerade einmal drei Monate alte »unvollendete« Revolution »mangels originären Inhalten« zur »Rank-Xerox-Revolution« verkommen sei, die »Schnelligkeit nur in einem beweist: die BRD-Verhältnisse zu kopieren«[456]. Auffällig ist, dass DDR-Oppositionelle

Kreuzberger Demonstranten bezweifeln noch am am 1. Mai 1990 die historische Tragweite der jüngsten Ereignisse.

diejenigen waren, die in der *taz* zuerst das Ende der Revolution beklagten.[457] Die Revolution, so war man sich einig, hatte im Herbst 1989 stattgefunden und mit dem Ruf »Wir sind ein Volk!« ein Ende genommen. Ein »Berliner Aufruf«, mit dem West-Berliner Linke am Tag vor den Volkskammerwahlen zu einer Demonstration am Adenauerplatz aufriefen, resümierte: »Beklatscht und bejubelt wird der Umbruch in der DDR als ›friedliche Revolution‹ – stattgefunden hat jedoch ein Salto rückwärts zur kapitalistischen Hackordnung.«[458]

Am 9. Januar berichtete die *B.Z.* auf dem Titel von einem Aufruf zum Staatsstreich durch das MfS/AfNS,[459] der erst 15 Seiten weiter als Einzelaktion einiger Geraer Mitarbeiter entkräftet wurde.[460] Der *Tagesspiegel* registrierte eine aggressive Stimmung und zitierte einen Sprechchor von 20.000 Ost-Berlinern vor der Volkskammer: »Wer SED wählt, wählt Stasi, wer Stasi wählt, wählt Bürgerkrieg.«[461] Das »dramatische Ende einer dramatischen Woche« stellte der Beschluss des Ministerrats dar, auf einen neuen Sicherheitsdienst in der DDR zu verzichten: »Die Stasi-Angst ist endlich weg!«, so die *B.Z.*[462] Nur zwei Tage später zeigte sich, wie sehr die Angst gesunken war: Die MfS-Zentrale wurde gestürmt. Laut *B.Z.* hätten

100.000 Menschen von den Gebäuden Besitz ergriffen. Im Vordergrund des Berichtes stand die Entdeckung der Privilegierung der MfS-Mitarbeiter sowie die Sorge, eine Eskalation könnte als Vorwand genutzt werden, die begonnene Demokratisierung zurückzunehmen.[463] Der *Tagesspiegel* berichtete ähnlich und ergänzte die Nachricht um die lautstarken Forderungen nach Wiedervereinigung in Leipzig.[464] Die *taz* benannte nüchtern die Fakten, ging jedoch kaum auf die entdeckten Privilegien ein.[465] Insgesamt spiegeln die Artikel nur in geringem Ausmaß die Sorgen des Senats: Hier wurde sogar befürchtet, das MfS könnte mit Waffengewalt gegen die Besetzer vorgehen.[466] Diese Zurückhaltung mag dem Wunsch, die bestehenden Ängste nicht noch zu schüren, oder aber der Informationspolitik des Senats und der Bundesregierung geschuldet sein.

Berlin und Bonn

Das Verhältnis zwischen Berlin und Bonn gestaltete sich 1989 schwierig. Anlässlich des Besuchs von US-Präsident George Bush hatte der Kanzler statt des Regierenden Bürgermeisters dessen Vorgänger Diepgen sowie den Präsident des Abgeordnetenhauses Wohlrabe, beide CDU, nach Bonn eingeladen.[467] Angeblich hätten Teile des Senats den Präsidenten für unerwünscht erklärt.[468] Dieser Behauptung Bonns steht entgegen, dass Kunze dem Auswärtigen Amt erst einen Berlin-Besuch des Präsidenten vorschlagen musste, da dieser nicht geplant gewesen war. Auch hatte er betont, der Senat strebe nach »möglichst intensiver Einbeziehung Mompers in das Programm«.[469] Dieser besuchte nach seiner Ausladung am 30. Mai 1989 demonstrativ ein Konzert der Berliner Philharmoniker in Ost-Berlin und ging, ganz privat, mit Oberbürgermeister Krack spazieren.[470] Bonn misstraute dem neuen Senats so sehr, dass am Rande der Bonner Viererrunde die Vertreter der Alliierten gefragt wurden, ob der Bürgermeister sich bei seinem Antrittsbesuch anständig verhalten habe, denn man fürchte, Momper sei hinsichtlich der Deutschlandpolitik nicht »genügend problembewußt«.[471] Die distanzierte Haltung Bonns war jedoch weder gänzlich neu noch ausschließlich der Antipathie zwischen Momper und Kohl geschuldet. Schon 1986 hatte Diepgen in einer Rede vor dem Bundestag gewarnt, West-Berlin werde nun zwar nicht mehr durch die DDR »abgewürgt«, dafür aber von der Bundesrepublik »abgemeldet und vergessen«.[472]

Diese Konstellation sorgte für eine sehr zögerliche Haltung gegenüber den Wünschen und Sorgen West-Berlins. Ausgerechnet im Oktober 1989 war der wichtige Posten des Bevollmächtigten der Bundesregierung in Berlin nicht besetzt.[473] Den Ärger über diese Situation belegt der Brief Mompers an Kohl vom 6. November 1989, in dem er dem Kanzler mit einer Ermahnung durch die Alliierten drohte, sollte Bonn nicht endlich helfen.[474] Die Abneigung Kohls gegenüber der Berliner Koalition fand ihren Höhepunkt infolge der blamablen Veranstaltung vor dem Schöneberger Rathaus. Die Bonner Unkenntnis über die Lage Berlins bezeugt der Bericht eines Mitarbeiters des Auswärtigen Amtes, der den Anschein erweckt, er handle von einem fernen unbekannten Land, zu dem es keinerlei Verbindungen gebe. Die Informationen, die man habe, basierten lediglich auf Presseerklärungen, aber nicht auf persönlichen Gesprächen; von Groll gab zu, dass vor allem die Regierungserklärung Mompers vom 26. Oktober 1989 »viel zu wenig beachtet wurde« und die alliierten Gesandten »bestürzt« seien über das »frostige Verhältnis zwischen Bundes- und Landesregierung«.[475] Erst knapp einen Monat nach der Öffnung der Grenze, am 1. Dezember 1989, kam es in Bonn zu dem langersehnten Gespräch zwischen Walter Momper, Ingrid Stahmer, Wolfgang Schäuble, Hans-Dietrich Genscher, Helmut Kohl und weiteren Regierungsmitgliedern. Der Kanzler leitete mit den besänftigenden Worten ein, dass die »besondere Situation und die besondere Bedeutung der Stadt« von ihm »unabhängig von der politischen Konstellation in Berlin« gewürdigt werde. Er werde das Streben des Senats nach einer Direktwahl der Berliner Abgeordneten zum Bundestag sowie die Pläne zur Bildung eines Regionalausschusses unterstützen. Nach einer Erörterung der berlinspezifischen Probleme wurde eine enge Zusammenarbeit »auf Fachebene« beschlossen und Bonn versprach die Prüfung finanzieller Zuwendungen.[476] Der Nachtrag zum Bundeshaushalt für 1990 benannte als »Beitrag zur Bewältigung der besonderen Berliner Situation« eine Erhöhung der Bundeshilfe um 400 Millionen DM auf 13,2 Milliarden DM.[477] Dies entsprach nur der Hälfte jener Summe, die Finanzsenator Meisner im Gespräch mit Kohl als finanzielle Mehrbelastung Berlins angeführt hatte.[478]

Am 28. Februar 1990 traf die Gesprächsrunde zum zweiten Mal zusammen – nun unter dem Vorzeichen, dass man befürchtete, Ost-Berlin könne im Chaos versinken und West-Berlin mitreißen. Die Ursachen für die Angst vor einem Kollaps der östlichen Stadthälfte waren vielfältig: der Rücktritt des Oberbürgermeisters Krack sowie zahlreicher weiterer

Staatsbediensteter aufgrund des Vorwurfs der Beteiligung an der Fälschung der Kommunalwahlen,[479] die Unruhen infolge der Erstürmung der Zentrale des MfS, drohende wie bereits aufgenommene Streiks sowie der mangelhafte Zustand zahlreicher kommunaler Einrichtungen.[480] Ein Zusammenbruch der Elektrizitätsversorgung oder des Abwassersystems, ein Streik der Müllfahrer oder der Reichsbahn hätten direkte Auswirkungen auf den Westteil der Stadt.[481] Man fürchtete, die Stadtverwaltung in Ost-Berlin könne »ganz oder teilweise funktionsunfähig werden und sich mit Hilfeersuchen an den Senat wenden«[482]. Fünf Tage zuvor hatte die Nachrichtenagentur *dpa* mitgeteilt, die Ost-Berliner CDU spiele mit dem Gedanken, den Senat um »die Übernahme von Verwaltung und Geschäften des Ostparlaments« zu bitten.[483] Momper hatte dies Kanzleramtschef Rudolf Seiters mitgeteilt und Kohl hatte im Rahmen seines Moskau-Besuches Gorbatschow am 10. Februar 1990 darüber informiert. In seiner Argumentation gegenüber dem sowjetischen Generalsekretär nutzte der Kanzler in diesem entscheidenden Gespräch Berlin als Beleg dafür, in welchen »ungewöhnlichen Zugzwang« er geraten sei:

> Die Frage (...), ob der Bundeskanzler die Währungsunion und Wirtschaftsgemeinschaft sofort nach den Wahlen beginnen wolle, beantwortete der Bundeskanzler positiv. Dabei ginge es nicht mehr darum, ob er dies wolle. Er verweise nur auf das Beispiel des Ost-Berliner Magistrats. Nächste Woche werde der Regierende Bürgermeister von Berlin zu ihm kommen. Dieser werde ihm dann sagen, daß er einen solchen Wunsch des Ost-Berliner Magistrats nicht ablehnen könne, doch Bonn müsse für diese Leistungen West-Berlins bezahlen. Die Ordnung löse sich auf, das Chaos nehme zu.[484]

Momper hatte in seinem Gespräch mit Kohl auch unterstrichen, wie hilfreich eine schnelle Währungsunion wäre: »Falls es in Ost-Berlin zu gravierenden Problemen oder gar zu einem Zusammenbruch der Stadtverwaltung komme, wäre eine Übernahme durch den Senat und damit eine einheitliche Stadtverwaltung ohne einheitliche Währung außerordentlich schwer.« Es müsse daher eine »Notfallplanung für Berlin« entwickelt werden.[485] Kurze Zeit später begannen in Bonn die Planungen für die Wirtschafts-, Währungs- und Sozialunion. Berlin war der Ort, der alle Akteure spüren ließ, dass es schneller Lösungen bedurfte, und der verdeutlichte, dass die offene Grenze für beide Staaten katastrophale Auswirkungen haben könnte, wenn die DDR keinen wirtschaftlichen Aufschwung erleben und die Bürger nicht das Vertrauen in die Regierung zurückgewinnen würden.

Am 2. Dezember 1990 durften die (inzwischen ehemaligen) West-Berliner erstmals an den Wahlen zum Bundestag teilnehmen. Aufgrund des geringen Engagements Kohls diesbezüglich und den großen Vorbehalten der Alliierten kam dies fast einem kleinen Wunder gleich: Der sowjetische Botschafter hatte noch im Februar 1990 in einer Demarche mit Konsequenzen an den Grenzübergängen und im militärischen Transitverkehr gedroht, sollte die Wahlbeteiligung gestattet werden.[486] Die Verweigerung wäre jedoch ein politisches Problem geworden: Nachdem die SED bereit gewesen war, freie Wahlen durchzuführen, wäre West-Berlin der einzige »Ort in Deutschland und künftig – mit geringfügigen Ausnahmen – auch in Europa, wo demokratische Teilhabe auf der höchsten Ebene nicht möglich« ist.[487] Am 23. April 1990 erklärten sich die drei Westmächte schließlich mit »der Einleitung der entsprechenden gesetzgeberischen Maßnahmen einverstanden«.[488]

West-Berliner Positionen zur Wiedervereinigung

Es wurde bisher deutlich, dass West-Berlin trotz der für die städtische Identität jahrzehntelang konstitutiven Forderung nach dem Fall der Mauer und der Wiederzusammenführung beider Stadtteile über keinerlei Pläne für das Eintreten dieser Situation verfügte und sich die politische Klasse in den 1980er Jahren mehrheitlich nicht mehr aktiv für Veränderungen in der DDR eingesetzt hatte. Dieser Handlungsebene diametral entgegen stand die politische Rhetorik: Schon im April 1989 hatte eine an Intensität und Emotionalität über die Monate nicht schwächer werdende Debatte um das Ziel der deutschen Einheit begonnen. Hinsichtlich der von der SED verlangten Reformen waren sich alle Parteien einig: Es mussten die Presse-, Meinungs- und Versammlungsfreiheit garantiert, die Menschenrechte geachtet und freie Wahlen durchgeführt werden. Auch über die europäische Einbettung der Entwicklung herrschte Konsens. Während die SPD sich jedoch an den »kritischen und oppositionellen Gruppen« orientierte und daraus ableitete, dass die DDR »den dritten Weg eines demokratischen Sozialismus« zum Ziel habe,[489] verwies die CDU mehrfach auf die Bilder aus Leipzig, wo Demonstranten die Wiedervereinigung forderten. Alle Fraktionen stellten heraus, dass das Selbstbestimmungsrecht der Bürger oberste Priorität habe – für die SPD bedeutete dies Ergebnisoffenheit, wohingegen die CDU das in ihren Augen ideale Resultat nicht verschweigen wollte. Die Republikaner waren die Einzigen, die sich für einen Volksentscheid in Ost- und West-Deutschland aussprachen.[490]

Über die Zukunft Berlins war keine parteiübergreifende Einigung möglich. Besonders deutlich wurde dies in der Debatte des Abgeordnetenhauses zur Deutschlandpolitik am 1. Juni 1989. Uwe Lehmann-Brauns fragte Momper: »Ist es eigentlich Inhalt Ihrer Senatspolitik, daß künftig in dieser Stadt die Mauer fällt und daß es nur noch eine Stadtregierung geben wird?«[491] Das angemahnte Ziel war in diesem Moment noch völlig utopisch. Auch hatte der Regierende Bürgermeister mehrfach betont, dass es durchaus sein Ziel sei, der Teilung der Stadt entgegenzuwirken. Er verweigere allerdings die ritualisierten Appelle:

> Alles Gerede über Formeln, über Türschilder und über Plaketten bringen den in Ost-Berlin und West-Berlin betroffenen Menschen überhaupt nichts, weil es Formulierungen sind, die politische Streitpunkte da aufbauen, wo es den Menschen unmittelbar nichts bringt. Vom Zitieren der »Hauptstadt der deutschen Nation« ist noch kein Mensch in Ost und West zusammengekommen.[492]

Lehmann-Brauns, überzeugt von der Wirkung des Rituals, hatte den Menschen in der DDR signalisieren wollen, dass die Bundesrepublik an der Einheit festhielt und versprach sich hiervon das Wachhalten des Wunsches nach einer gemeinsamen Nation. Obwohl Momper das eingeforderte Bekenntnis verweigerte, handelte er dennoch ebenfalls symbolisch; seine Aussage richtete sich nur an andere Adressaten. In dem Glauben, dass nur die Anerkennung der Realität als geteilte Nation zu einer Verbesserung der Lage führen könne, zielte er darauf ab, dass sich die SED-Führung durch seine Worte weniger unter Druck gesetzt fühlen und infolgedessen mehr Freizügigkeit gewähren würde. Die Berliner SPD hielt dementsprechend lange an der Zweistaatlichkeit und dem Dialog mit der SED fest. Ditmar Staffelt unterstrich noch auf dem letzten SED-SPD-Treffen am 23. November 1989: »Die SPD wird keine Tendenzen unterstützen, die die von ihr auch in der Bundesrepublik abgelehnte gesellschaftliche Entwicklungen (sic!) in der DDR schaffen, z.B. die Bodenspekulation.« Dennoch sah er, »daß ein Zusammenwachsen der beiden deutschen Staaten schneller vorankommt als ein paralleler europäischer Prozeß«. Auch Rettner gab zu, »daß die Wende in der DDR durchaus revolutionären Charakter habe«, es »handele sich daher um eine tiefe Krise der SED und des Systems«, doch man sehe auch bei der Opposition einen Konsens, »der weder die Beibehaltung des Sozialismus noch die Rolle der DDR als souveräner Staat bestreitet«. Die »Haltung zur nationalen Frage« sei dennoch zu »überdenken, sie ist durch das Leben überholt«.[493] Am 20. Dezember 1989 verabschiedete die SPD ihr *Berliner Programm* mit der ergänzenden Erklärung »Die Deutschen in Europa«, die zwar ein klares Bekenntnis zur deutschen Einheit enthielt, aber dennoch – als Resultat eines innerparteilichen Kompromisses zwischen Vereinigungsbefürwortern und -gegnern – betonte, dass »die Deutschen in der DDR« zu entscheiden hätten, »auf welchem Weg sie ihr Selbstbestimmungsrecht ausüben«.[494]

Die AL hatte in Bezug auf die Intensität der Beschäftigung mit der deutschen Frage für die grüne Bundespartei eine »Pilotfunktion« gehabt.[495] Dies war neben der generellen Bedeutung des Themas in West-Berlin auch darin begründet, dass in den 1980er Jahren, zeitgleich zu den DDR-Dissidenten, auch inoffizielle Mitarbeiter des MfS, wie Dirk Schneider und Klaus Croissant, in der AL aktiv waren und beide Fronten um Meinungshoheit gekämpft hatten.[496] Die deutschlandpolitischen Strömungen innerhalb der AL lassen sich in verschiedene Lager einteilen.[497] Die kleinste Gruppe stellte die linksnationale dar, die die deutsche Teilung als friedensgefährdend wertete.[498] Die Mehrheit der Partei vertrat, entsprechend dem linken Flügel der SPD, eine euro-neutralistische Position und versprach sich von der Anerkennung der Zweistaatlichkeit die Förderung des europäischen Entspannungsprozesses. Allerdings plädierte sie im Unterschied zur SPD auch für den Austritt aus der NATO und die Blockfreiheit.[499] Begründet wurde das Eintreten für die Anerkennung der DDR häufig historisch: Die deutsche Teilung sei die Strafe für Auschwitz,[500] diene der Beruhigung der europäischen Nachbarn und sei eine Voraussetzung für den Frieden.[501] Das Wahlprogramm von 1985 stellte demgemäß fest:

> Die Teilung Deutschlands und die besondere Lage Berlins sind Ergebnis der Niederwerfung des deutschen Faschismus und in deren Folge der ›Neuordnung Europas‹ durch die Siegermächte. (...) Als Konsequenz der historischen Entwicklung verzichten wir klar und deutlich auf jede Anknüpfung an nationalistische Motive. (...) Insofern richten wir unsere Hoffnungen nicht auf die Wiedervereinigung, sondern auf die Einigung der Europäer in Ost und West.[502]

Das Programm von 1988/89 hatte unter Eindruck der Katastrophe von Tschernobyl einen Schwerpunkt auf den Umweltschutz gesetzt, der nur grenzübergreifend realisierbar sei.[503] Mit Bezug auf den Reformkurs Gorbatschows und dem Unwillen zur Abrüstung seitens der NATO wurde die Zweistaatlichkeit nun friedenspolitisch begründet: Sie sei Ausdruck einer »Selbstbeschränkung« und schiebe einen Riegel vor Wünsche nach »nationaler Aufwertung durch den Besitz von oder die Verfügung über Atomwaffen«[504]. Neben den Befürwortern eines »Dritten Wegs« für die DDR wurden zeitweise auch andere Stimmen laut. Eine Gruppe der AL trat im September 1989 mit einer Publikation mit dem Titel »Für ein Berlin ohne Mauern in einem Deutschland ohne Panzer in einem Europa ohne Grenzen« an die Öffentlichkeit. Die 32 Vertreter nannten als Ziel »e i n e deutsche demokratische Republik, in der soziale Gerechtigkeit herrscht, Pluralismus existiert, demokratische Rechte erfüllt sind und eine ökologische Politik betrieben wird«[505]. Dies waren allerdings die Gedanken einer Minderheit, die von der Mitgliedervollversammlung der AL am 16. Dezember 1989 verabschiedete Resolution gab die Stimmung der Mehrheit der Partei wieder:

> Unser Kampf gegen Hochrüstung, Arbeitslosigkeit, Naturzerstörung und soziale Not in der Zweidrittel-Gesellschaft würde entscheidend geschwächt, wenn sich die DDR zu einer schlechten Kopie der BRD entwickeln würde. (...) Die deutsche Zweistaatlichkeit bleibt (...) zum Schutz einer sich radikal erneuernden DDR auf absehbare Zeit eine notwendige Rahmenbedingung.[506]

Während sich Anfang Februar 1990 die Bundestagsfraktion der Grünen von der Zweistaatlichkeit verabschiedete[507], beklagte die AL in einer gemeinsamen Presseerklärung mit Teilen des Neuen Forums, der Vereinigten Linken, dem Unabhängigen Frauenverband und der Grünen Partei in der DDR, dass der »selbstbewußte Slogan ›Wir sind das Volk!‹« vom »nationalen Taumel erstickt« worden sei. Mit Hilfe einer »Kampagne der Hoffnungslosigkeit« würde man versuchen, die Menschen in der DDR in eine »neue totale Abhängigkeit« zu drängen. »Die deutsche Zweistaatlichkeit muß nicht das letzte Wort der Geschichte gewesen sein. ABER: Annäherung und Kooperation zwischen beiden deutschen Staaten verlangen Gleichberechtigung und Souveränität beider Partner (...).«[508] Zwei Tage nach der Erklärung definierte die AL die eigene Rolle auf dem Weg zur deutschen »Notvereinigung«: Man wolle den Prozess »verlangsamen und anhalten, wo immer es geht«, aber dennoch »gestaltend in ihn eingreifen« und die eigenen »demokratischen, ökologischen und sozialen Ziele« einbringen. Es bestand die Sorge, das vereinte Deutschland würde ein »friedensgefährdendes Machtzentrum« darstellen; die neue Größe würde eine weitere »Demokratisierung« und »Dezentralisierung« verhindern. Infolge der finanziellen Aufwendungen für das Gebiet der ehemaligen DDR müsse man im Westen mit »Massenentlassungen«, einem »Verlust sozialer Sicherheit« und dem »Rückgang des Lebensstandards« rechnen.[509]

Wie gezeigt wurde, waren es zwar linke Medien und Politiker, welche die Ereignisse am 4. November 1989 zuerst als »Revolution« bezeichnet hatten – jedoch waren sie auch die Ersten, die sie für beendet und gescheitert erklärten.

Die CDU hatte in der medialen Öffentlichkeit stets stärker als alle anderen Parteien an der deutschen Einheit festgehalten, während sie in ihrer Regierungszeit praktisch nicht anders als die SPD gehandelt hatte. Landowsky, der größte Gegner der Momperschen Annäherungspolitik, hatte 1985 als erster Berliner CDU-Politiker mittels Herbert Häber den Kontakt zum DDR-Regime gesucht.[510] Eberhard Diepgen hatte im selben Jahr bekräftigt, seine DDR-Besuche »zu einer regelmäßigen Praxis werden zu lassen«[511]. Mehrmals traf er sich als Bürgermeister mit Honecker, um dem Generalsekretär Reiseerleichterungen abringen zu können.[512] Es lässt sich für die CDU von einer Doppelstrategie sprechen: pragmatische Kooperation bei öffentlicher normativer Distanz.

Die Volkskammerwahlen 1990

Am 2. Februar 1990, einen Tag nach dem Vorschlag Modrows zur Schaffung einer Konföderation, präsentierte Momper in London einen »Einheitsfahrplan«. Er sah für die DDR eine Art West-Berlin-Status vor, entmilitarisiert und unter der Aufsicht der vier Alliierten. Ergänzend schlug er eine Wirtschafts- und Währungsunion vor, die nach der Volkskammerwahl in Kraft treten solle.[513] Diepgen warf dem Regierenden Bürgermeister daraufhin vor, die DDR-Bürger von der SED-Vormundschaft in die der Alliierten zu überführen, und auch die SDP übte massive Kritik.[514] Eine Woche später teilte Gorbatschow dem Bundeskanzler mit, »daß die Deutschen ihre Wahl selbst treffen müßten«[515], und gab somit den Weg frei für die Wiedervereinigung. Mompers Plan fiel unter den Tisch und alle Aufmerksamkeit richtete sich auf die vorgezogenen Volkskammerwahlen in der DDR, die als Entscheidung für oder gegen die deutsche Einheit erachtet wurden.

»Her mit Eurer guten D-Mark – aber Ihr müßt den Mund halten!«, empörte sich die *B.Z.*, nachdem der Runde Tisch Anfang Februar 1990 beschlossen hatte, westdeutschen Politikern Wahlkampfauftritte in der DDR zu verbieten.[516] Eine Woche zuvor hatte die Volkskammer aufgrund der zunehmenden Erosion des Staates beschlossen, den Wahltermin vom 6. Mai auf den 18. März 1990 vorzuverlegen. Doch der »Maulkorb« für die westdeutschen Parteien sollte keine Wirkung haben. Neben einer massiven finanziellen Unterstützung – 4,5 Millionen DM investierten CDU und CSU, SPD und FDP jeweils etwa 1,5 Millionen DM – erfolgte auch eine intensive personelle Unterstützung.[517] Diese hatte bereits früh begonnen und war durch den Runden Tisch nicht mehr aufzuhalten.

Trotz der bereits bestehenden Nähe zu anderen Gruppierungen hatte Ende November 1989 ein Gespräch in äußerst ungewöhnlicher Konstellation stattgefunden: SPD-Mann Alexander Longolius traf sich auf Einladung von Hans Modrow mit der Ost-CDU. Diese empfand sich zu jenem Zeitpunkt noch »als natürlichen Bündnispartner der SED«, plädierte für die »Einführung der Marktwirtschaft, möchte aber die sozialen Errungenschaften der DDR retten« und bat um Hilfe, »wie die damit verbundenen Widersprüche aufgelöst werden« könnten. Da man »keine Analogien zur CDU suchen, sondern ein eigenes, linkeres Profil entwickeln« möchte, bedauerte man auch, »daß der kommende Wahlkampf den Zwang zu Abgrenzung von der SDP mit sich bringen wird«. Die Ost-CDU würde an der Zweistaatlichkeit festhalten, auch wenn man in »künftigen Jahrzehnten« sicherlich auch über eine staatliche Einheit nachdenken könne. Longolius plädierte für eine Fortsetzung der Gespräche, da die CDU in der nächsten Regierung vertreten sein werde und man durch den Dialog Kontaktaufnahmen der West-CDU überprüfen könne. Darüber hinaus würden so die »Kontakte zur SED auf eine historisch solidere Grundlage« gestellt werden, da die Gespräche mit der CDU ein Beleg dafür seien, dass man Kontakte »nicht zum ideologischen oder moralischen Partner, sondern zu einer die Macht ausübenden, unser Umfeld gestaltenden politischen Kraft« pflegte.[518]

Es sollte alles anders kommen als geplant: Im Januar beschloss die SDP ihre Umbenennung in SPD und wandte sich somit auch namentlich der westdeutschen Schwesterpartei zu. Am 5. Februar bildete die CDU der DDR gemeinsam mit der CDU-West, der DSU und dem Demokratischen Aufbruch das Wahlbündnis *Allianz für Deutschland*. Schließlich gaben die drei größten DDR-Oppositionsgruppen[519] – nach einem wochenlangen internen Streit des Neuen Forums über die Wahlbeteiligung – bekannt, als Bündnis 90 gemeinsam anzutreten.

Die Berliner Ergebnisse der Volkskammerwahl unterschieden sich deutlich vom Rest der DDR: Die SPD lag mit 34,9 Prozent vor der CDU, die nur 18,3 Prozent erreicht hatte. Auch das Bündnis 90 sowie die PDS hatten hier deutlich mehr Stimmen erhalten als in den übrigen Gebieten der DDR.[520] Dies ist zum einen auf den hohen Anteil an Parteifunktionären und Staatsbediensteten zurückzuführen, zum anderen war Ost-Berlin auch der Wohnsitz der sogenannten »Intelligenz«, deren Vertreter überdurchschnittlich häufig dem Bündnis 90 ihre Stimme gegeben hatten.[521] Wer die SPD gewählt hatte, befürwortete zumeist ein langsameres Tempo bei der Vereinigung beider deutscher Staaten, stand dem Zustand der Demokratie in der Bundesrepublik skeptischer gegenüber und hielt noch eher an der Idee des (demokratischen) Sozialismus fest.[522] Walter Momper erfreute sich unter den DDR-Bürgern besonderer Beliebtheit: Er folgte in zeitgenössischen Umfragen unmittelbar nach Hans Modrow, Willy Brandt und Hans-Dietrich Genscher und lag deutlich vor Helmut Kohl.[523]

Während die Kommunalwahl vom 6. Mai 1990 für Ost-Berlin fast identische Zahlen ergeben hatte, zeigte sich bei den Gesamtberliner Landtagswahlen am 2. Dezember 1990 ein gänzlich anderes Bild: Die SPD verlor im Westteil 7,8 Prozent, im Ostteil 2 Prozent der Stimmen; die CDU gewann im Westteil 11,3 und im Ostteil 6,3 Prozent hinzu; die AL verlor im Westteil 4,9 Prozent. Das Resultat war ein klares Votum gegen die rotgrüne Koalition, die zwei Wochen vor der Wahl nach der Räumung der besetzten Häuser in der Mainzer Straße auseinandergebrochen war.[524] »Aus der Sicht der Wähler fehlte die klare Linie in den Entscheidungen, die Langfristigkeit und eine in die Zukunft weisende Stabilität der Regierung.«[525] Die einheitskritischen linken Parteien hatten nur bei den jungen Wählern Gewinne verbuchen können – die Älteren wandten sich, besonders in West-Berlin, in breiter Front ab und entschieden sich für die CDU.[526]

Fazit

»Mag es für die Bundesrepublik die Alternative eines dauerhaften Teilstaates gegeben haben, die Existenz eines geteilten Berlins hätte vor der Geschichte keinen Bestand gehabt. Für Berlin gab es keine wirkliche Alternative zur Einheit.«[527] Zu diesem Fazit kam Dieter Schröder in einem Aufsatz. In der Tat hatte sich spätestens nach dem 9. November 1989 gezeigt, dass eine offene, aber geteilte Stadt auf Dauer unzählige Komplikationen mit sich brachte. Auf die Monate vor diesem Datum trifft die Aussage Schröders jedoch nur eingeschränkt zu: Die Ereignisse auf der anderen Seite der Mauer wurden zunächst als Schritte auf dem Weg zu einem normalen Verhältnis zwischen zwei souveränen Staaten gewertet und begrüßt. Vom *Spiegel* befragt, hatte der Regierende Bürgermeister noch wenige Tage nach dem Mauerfall geäußert, in Berlin werde es in Zukunft »wie an der Grenze Schweiz-Bundesrepublik« sein.[528] Die im heutigen Rückblick als so offensichtlich erscheinenden Krisen-Symptome wurden nicht als solche erkannt, man hielt die DDR für stabil. Eine Erzählung, die eine gerade Linie vom 9. November 1989 zum 3. Oktober 1990 zieht, übersieht bedeutende Entwicklungen und Faktoren auf dem Weg zur deutschen Einheit.

Eine Unterscheidung zwischen Ausreise- und Bürgerrechtsbewegung wurde speziell im alternativen Milieu getroffen – die einen wurden als Wirtschaftsflüchtlinge abgestempelt, die Aktivitäten der anderen wurden als Vorbild für den eigenen Staat gewertet. Während sich die politische Linke ab Oktober 1989 an den Aussagen der DDR-Opposition orientierte und infolgedessen Hoffnungen auf einen dritten Weg zwischen Kapitalismus und Staatssozialismus für die DDR hegte, erachteten die konservativen Parteien und Medien die Übersiedler als repräsentativ für das Stimmungsbild der DDR-Bevölkerung. Eine Zusammenarbeit zwischen der DDR-Opposition und den West-Berliner Parteien erfolgte trotz der räumlichen Nähe zunächst nicht. Erst, als nach Partnern für die erste freie Volkskammerwahl gesucht wurde, begann eine umfangreiche finanzielle, personelle und materielle Unterstützung der verschiedenen gesellschaftlichen Gruppen.

Es wurde deutlich, dass Berlin nicht nur der Ort der Freude, sondern auch der Ort der Angst war. Im April 1990 resümierte ein sicherheitspolitisches Seminar des Auswärtigen Amtes erleichtert: »Gar nicht auszudenken die Folgen für Berlin, wenn [die] Revolution in der DDR nicht durch [einen] besonnenen Ministerpräsidenten und improvisierte Runde Tische in geordneten Bahnen verlaufen wäre. Die Sowjetarmee stand Gewehr bei Fuß – etwa 400.000 Mann, davon wohl die Hälfte um Berlin stationiert.«[529] Spätestens ab November 1989 betrafen alle Entwicklungen in Ost-Berlin auch West-Berlin. Hier muss West-Berlin eine Rückkehr in die Geschichtsschreibung finden, denn Gesamt-Berlin war der Kulminationspunkt. West-Berlin war der Ort, der die westlichen Akteure unter Zugzwang setzte, da jegliche Entwicklung in der DDR Konsequenzen für die »Insel« gehabt hätte, für die man verantwortlich war: in Form einer Existenz- und Statusfrage nach einer erfolgten Demokratisierung der DDR[530] oder in Form eines Versorgungsproblems im Falle eines Kollapses der kommunalen Einrichtungen der DDR. Der Verweis darauf, dass die Auswanderungszahlen jenen aus der Zeit kurz vor dem Mauerbau entsprächen[531], zeigt, dass die Berlin-Erfahrung aus den Jahren zwischen 1945 und 1961 die Einschätzung der Lage 1989/90 beeinflusste. Diese Erinnerungen sorgten für Ängste und funktionierten als Antrieb: Das Wissen, dass sämtliche Berlin-Krisen und der Mauerbau die Folge der spezifischen Probleme der politisch geteilten, aber offenen Stadt gewesen waren, dass die hohe Flüchtlingszahl, die sogenannten »Grenzgänger«, der Schmuggel und Devisenhandel aus Sicht der DDR den Mauerbau gerechtfertigt hatten, schürte die Angst vor einer Katastrophe.[532]

Der West-Berliner Senat trat in diesem Prozess als souveräner Akteur auf, der die Entwicklungen aktiv zu beeinflussen versuchte – sowohl durch Verhandlungen mit der DDR und der Bundesregierung als auch durch zahlreiche Gespräche auf internationaler Ebene. Walter Momper traf 1989/90 US-Präsident George Bush und US-Außenminister James Baker, verschiedene Vertreter der Sowjetunion, reiste nach London und Paris und vertrat Berlin, wie es der Vorschlag des eigenen Einheitsfahrplanes zeigt, von Bonn unabhängig.[533] Er forderte als einer der Ersten eine Wirtschafts- und Währungsunion und verdeutlichte der Bundesregierung mehrfach, wie dringend nötig es sei, diese schnell durchzuführen, um im Falle eines Zusammenbruchs der DDR reagieren zu können. Magistrat und Senat forcierten bewusst eine Verflechtung beider Stadthälften mit dem Ziel, Tatsachen zu schaffen, bevor die Regierungen beider Staaten eine Entscheidung treffen würden. Der Provisorische Regionalausschuss war, lange bevor Hans Modrow sein Konzept »Für Deutschland einig Vaterland« präsentiert hatte, als deutsch-deutsches Gremium gebildet worden – und dies ohne die Erlaubnis der Bundesregierung oder der Alliierten abzuwarten.[534] Im März 1990 überraschte Dieter Schröder die Westmächte mit der Information, dass bereits eine Arbeitsgruppe eingerichtet worden sei, die sich mit der Absetzung der Besatzungsbestimmungen befassen würde.[535]

Die Untersuchung hat auch eine Diskrepanz zwischen Handlungs- und Debattenebene verdeutlicht: Während man sich in West-Berlin parteiübergreifend mit der Teilung der Stadt arrangiert hatte und nur noch versuchte, Erleichterungen für die eigene Stadthälfte zu erzielen, hielt das konservative Lager parallel an den für West-Berlin spezifischen Ritualen fest, die stets die Forderung nach einer Überwindung der Gegebenheiten beinhaltet hatten. In West-Berlin war die Wiedervereinigung aufgrund des traditionellen Selbstverständnisses der Stadt bereits im Frühjahr 1989 ein heiß umkämpftes Thema gewesen – deutlich eher als im Rest der Bundesrepublik.[536] Es wurde für West-Berlin eine Spaltung nachgewiesen, die biografisch begründet war: Diejenigen, die erst nach 1961 in die Stadt gezogen waren und mehrheitlich dem linken Parteienspektrum angehörten, hinterfragten die Rituale und traten für einen Wandel der städtischen Identität ein. Die Mehrheit der politischen Akteure, die zwischen 1945 und 1961 in Berlin gelebt hatten, hielten an dem Wunsch nach der Einheit Deutschlands fest und sahen in den Ereignissen von 1989 eine Chance, sie zu realisieren. Das reine Ritual des Bekenntnisses zur Einheit mag nicht per se wirksam gewesen sein, dennoch sorgte die ständige Auseinandersetzung mit diesem Ziel dafür, dass es als Option erhalten blieb. Neben den persönlichen Erfahrungen aus den 1940er und 1950er Jahren waren es häufig auch familiäre Bindungen sowie die räumliche Nähe, die bei den alteingesessenen Berlinern die Hoffnung auf ein Ende der Teilung der Stadt wachgehalten hatten. Zwischen Juni und Dezember 1989 beantragten im Durchschnitt über 3.400 West-Berliner pro Tag in einem der Büros für Besuchsangelegenheiten ein Tagesvisum oder einen Mehrfachberechtigungsschein, um in die DDR zu reisen.[537] An den Weihnachtsfeiertagen des Jahres 1989 reisten mehr als doppelt so viele West-Berliner als Westdeutsche in die DDR.[538] Erkenntnisse aus der Demoskopie belegen, wie sehr der grenzübergreifende Kontakt die Einstellung zur DDR veränderte: Von Infratest im Jahr 1987 mit der Aussage konfrontiert, »DDR-Bürger sind Deutsche wie wir, mit denen ich mich eng verbunden fühle«, antworteten diejenigen, die noch nie oder nur ein Mal in der DDR gewesen waren nur zu 34 Prozent positiv. Diejenigen, die mindestens zwei Mal die DDR besucht hatten, stimmten der Aussage zu 60 Prozent zu.[539] Um diesen Befund vertiefen zu können, wäre eine über den Zeitraum der Teilung angelegte Auswertung der durch die Büros angefertigten Statistiken vielversprechend. Dies würde weitere Rückschlüsse ermöglichen, inwiefern es speziell die Kriegs- und Nachkriegsgeneration war, die den Kontakt über die Mauer hinweg aufrecht hielt und ob dies tatsächlich ausschlaggebend war für das Festhalten an der nationalen Einheit.

Die aufgezeigten Unterschiede zwischen den von Rott so betitelten »Blockade- und Mauerbau-Berlinern« und den nach 1961 Zugezogenen hinsichtlich des städtischen Selbstverständnisses und die diskursive Verhandlung der dafür charakteristischen Merkmale, die stets auch den verschiedenen Wir-Gruppen zur Inklusion und Exklusion diente, stellen ein Themenfeld dar, das ebenfalls weiterer Forschungen bedarf. Hieraus ließen sich neben Erkenntnissen über den Wandel des Selbst- und Fremdbildes West-Berlins und der städtischen Identität auch Rückschlüsse auf die politische Kultur der Bundesrepublik im Kalten Krieg ziehen. West-Berlin sollte stets dazu dienen, die deutsche Frage offenzuhalten – anhand des Berlin-Bildes der unterschiedlichen Milieus und Generationen könnte aufgezeigt werden, wie sich auch die nationale Identität veränderte. Hier wäre die diskursive Aushandlung zu analysieren, die möglicherweise zeigen könnte, dass eine neue, sich öffentlich artikulierende Elite das Vorstellungsbild der Stadt wandelte und neue Konzepte – politische, wie kulturelle und stadtplanerische – durchsetzte.

Auch die Kontakte zwischen den West-Berliner Parteien und der SED bedürften einer weiteren wissenschaftlichen Erforschung, sobald die entsprechenden Akten in den Parteiarchiven zur Verfügung stehen. Ebenso die Rolle der Alliierten wäre ein bedeutender und zu vertiefender Aspekt, auch wenn vieles darauf hinweist, dass sie zwar lange Zeit am Status der Stadt festhielten und gerade dieser Punkt sich in den Verhandlungen auf dem Weg zur deutschen Einheit als schwierig erwies, sie sich aber in das Zusammenwachsen der Stadt nicht einmischten, solange man sie umfassend über alle Schritte informierte.[540]

»Berlin ist das Letzte. Der Rest ist Vorgeschichte. Sollte Geschichte stattfinden, wird Berlin der Anfang sein«, schrieb der Schriftsteller Heiner Müller 1983.[541] Diese so widersprüchlich anmutende Aussage beschreibt die Rolle West-Berlins im Epochenjahr 1989 treffend. Der Berliner Senat begriff zwar sehr spät, welchen Verlauf die deutsche Geschichte im Jahr 1990 nehmen sollte, aber dennoch war Berlin der Anfang und beschritt zuerst den Weg zur deutschen Einheit – allerdings ohne diese zum Ziel zu haben.

Anhang (tabellarische Übersichten zur Ausreise)

Tabelle 1: Einreise nach West-Berlin und Rückreise am 9. November 1989

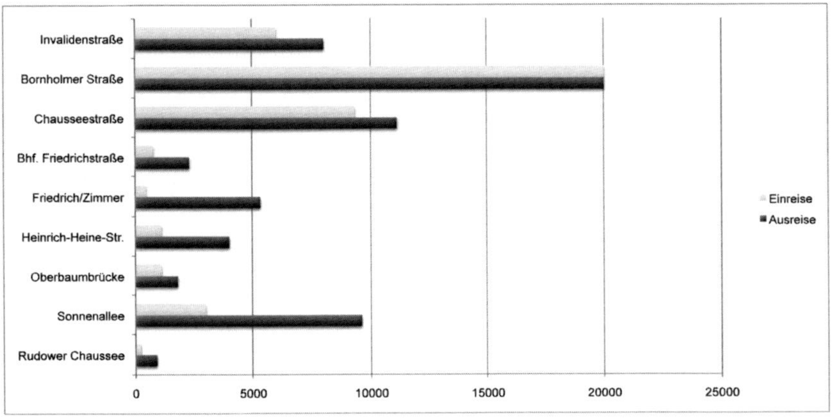

Quelle: BStU, MfS, Arbeitsbereich Neiber, Nr. 376, Bl. 47-56.

Tabelle 2: Einreise nach West-Berlin und Rückreise, 2. Hälfte November 1989

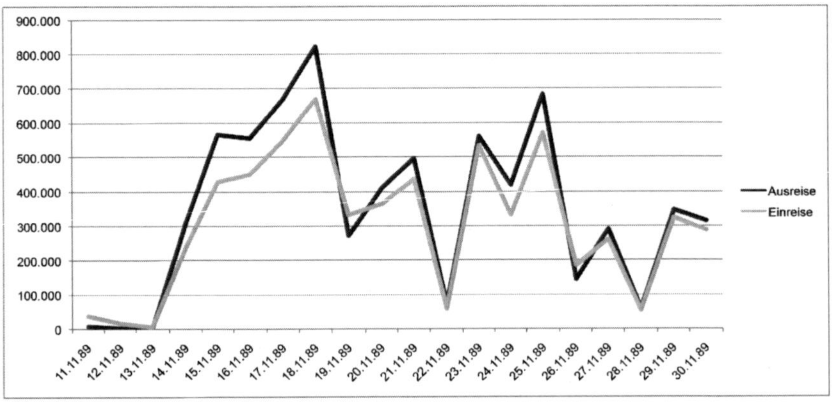

Quelle: BStU, MfS, HA VI, Nr. 10471.

Tabelle 3: Grenzverkehr West-Berlin und Bundesrepublik, November/Dezember 1989

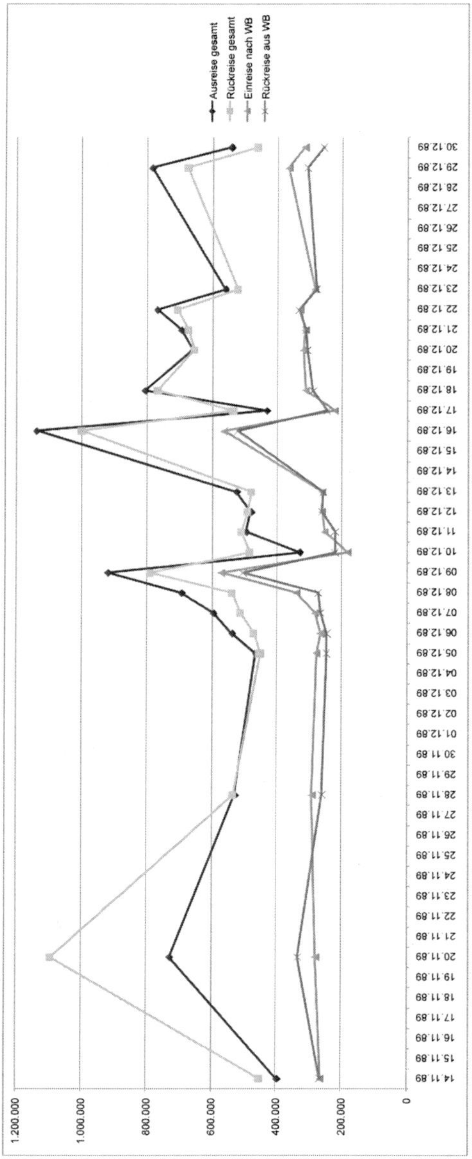

Quelle: BStU, MfS, ZAIG, Nr. 14331
und BStU, MfS, ZOS, Nr. 1453.

Tabelle 4: Tagesstatistik über die in den Büros für Besucher- und Reiseangelegnheiten entgegengenommenen Einreiseanträge ständiger Einwohner von Berlin (West) in die DDR

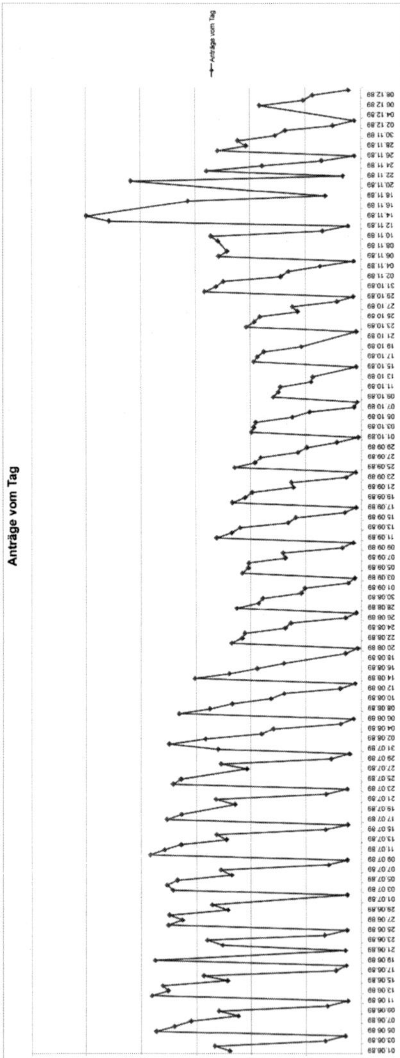

Quelle: BStU, MfS, Arbeitsgruppe XVII, Nr. 3829.

Abkürzungsverzeichnis

AGG	Archiv Grünes Gedächtnis, Heinrich Böll Stiftung
AL	Alternative Liste für Demokratie und Umweltschutz
APO	Außerparlamentarische Opposition
APuZ	Aus Politik und Zeitgeschichte, Beilage zu Das Parlament
ARD	Arbeitsgemeinschaft der öffentlich-rechtlichen Rundfunkanstalten der BRD
AvB	Abgeordnetenhaus von Berlin
BArch	Bundesarchiv
BRD	Bundesrepublik Deutschland
BStU	Bundesbeauftragte für die Unterlagen des Staatssicherheitsdienstes der ehemaligen DDR
CDU	Christlich-Demokratische Union
CSU	Christlich-Soziale Union
DDR	Deutsche Demokratische Republik
DPA	Deutsche Presse-Agentur
FAZ	Frankfurter Allgemeine Zeitung
FDJ	Freie Deutsche Jugend
FDP	Freie Demokratische Partei
IFM	Initiative Frieden und Menschenrechte
IM	Inoffizieller Mitarbeiter des MfS
JHS	Juristische Hochschule des MfS
KPD	Kommunistische Partei Deutschlands
K-Gruppe	Kommunistische Gruppe
KSZE	Konferenz für Sicherheit und Zusammenarbeit in Europa
LArch	Landesarchiv Berlin
MfS	Ministerium für Staatssicherheit
SED	Sozialistische Einheitspartei Deutschlands
SEW	Sozialistische Einheitspartei Westberlins
SFB	Sender Freies Berlin
SDP	Sozialdemokratische Partei in der DDR
SPD	Sozialdemokratische Partei Deutschlands
SZ	Süddeutsche Zeitung
taz	taz. die Tageszeitung
UdSSR	Union der sozialistischen Sowjetrepubliken
USA	United States of America
ZAIG	Zentrale Auswertungs- und Informationsgruppe des MfS
ZDF	Zweites Deutsches Fernsehen
ZK	Zentralkomitee

Anmerkungen

1 Sebastian Haffner, Was Berlin den Deutschen bedeutet; in: Museumsjournal, 19 (2005) 11, S. 4–6, hier S. 6.

2 Peter Bender, Berlin als Brücke zwischen Ost und West, in: Gerd Langguth (Hrsg.), Berlin: Vom Brennpunkt der Teilung zur Brücke der Einheit, Bonn 1990, S. 473–478, hier S. 473 u. 474.

3 Willy Brandt, Zum Geleit, in: Walter Momper, Grenzfall. Berlin im Brennpunkt deutscher Geschichte, Berlin 1991, S. 7.

4 Dieter Schröder, Von Politik und dummen Fragen, Beobachtungen in Deutschland, Rostock 2002, S. 134.

5 Reinhard Koselleck, »Erfahrungsraum« und »Erwartungshorizont« – zwei historische Kategorien, in: ders., Vergangene Zukunft. Zur Semantik geschichtlicher Zeiten. Frankfurt/Main 1989, S. 349–375, hier S. 351.

6 Ebd., S. 358

7 Vgl. Aleida Assmann, Erinnerungsräume. Formen und Wandlungen des kulturellen Gedächtnisses, München 1999, S. 301–303.

8 Rolf Lindner, Offenheit – Vielfalt – Gestalt. Die Stadt als kultureller Raum, in: Friedrich Jaeger/Jörn Rüsen (Hrsg.), Handbuch der Kulturwissenschaften, Bd. 3, Stuttgart 2004, S. 385–398, hier S. 392. Vgl. auch ders., Der Habitus der Stadt – ein kulturgeographischer Versuch, in: Petermanns Geographische Mitteilungen, 147 (2003) 2, S. 46–53; ders., Das Ethos der Regionen, in: ders. (Hrsg.), Die Wiederkehr des Regionalen. Über neue Formen kultureller Identität, Frankfurt Main/New York 1994, S. 201–231; Detlev Ipsen, Regionale Identität. Überlegungen zum politischen Charakter einer psychosozialen Raumkategorie, in: ebd., S. 232–254; Harald Schmid, Regionale Erinnerungskulturen – ein einführender Problemaufriss, in: ders. (Hrsg.), Erinnerungskultur und Regionalgeschichte, München 2009, S. 7–21.

9 Christoph Kleßmann, Konturen einer integrierten Nachkriegsgeschichte, in: Aus Politik und Zeitgeschichte (APuZ), 18–19/2005, S. 3–11, hier S. 8.

10 Zum Verhältnis der Berliner FDP zur DDR gibt ein Protokoll vom Dezember 1988 Auskunft. Hier betonte Walter Rasch, die FDP wünsche eine »Atmosphäre des Vertrauens«, wofür der »Abbau von Feindbildern« sowie das Eingehen auf »berechtige Forderungen« der SED nötig seien. Es müsse »zu einer weiteren Normalisierung des beiderseitigen Verhältnisses« kommen. Vgl. Vermerk über ein Gespräch des Genossen Walter Müller mit dem Vorsitzenden der FDP-Fraktion im West-Berliner Abgeordnetenhaus, Walter Rasch, am 14.12.1988, BStU, MfS, AG XVII, Nr. 1911 Bl. 1–5.

11 Achim Landwehr, Historische Diskursanalyse, Frankfurt/Main 2008, hier S. 21 und S. 77.

12 Heinrich Potthoff, Koalition der Vernunft. Deutschlandpolitik in den 80er Jahren, München 1995, S. 75.

13 Die meisten Umfrageergebnisse fassen West-Berlin und die Bundesrepublik zusammen.

14 Zum Zäsurcharakter von 1989 vgl. Martin Sabrow, 1990 – eine Epochenzäsur?, Einführungsvortrag der Veranstaltungsreihe des Forums Neuer Markt »1990 – eine Epochenzäsur?«, Potsdam am 29.04.2010; ders. (Hrsg.), 1990 – Eine Epochenzäsur, Helmstedter Colloquien H. 8, Leipzig 2006.

15 So die These von Ilko-Sascha Kowalczuk, vgl.: ders., Endspiel. Die Revolution von 1989 in der DDR, München 2009, S. 15. Auch Karsten Timmer sieht bereits nach dem Dezember 1989 eine neue Phase beginnen, »als die Bewegung ihre Dynamik einbüßte und unter dem Druck der deutschen Frage und des beginnenden Wahlkampfs wieder zerfiel«, vgl.: ders., Vom Aufbruch zum Umbruch. Die Bürgerbewegung in der DDR 1989, Göttingen 2000, S. 27. Ungeachtet der je nach Fragestellung variierenden Datierungen der Zäsur zeigt sich, dass die Ereignisse von 1989/90 in zwei Phasen unterteilbar sind: in eine des Aufbegehrens der DDR-Bürger und in eine zweite, die den Weg zur deutschen Einheit darstellt.

16 Hierzu ausführlich: Hans-Hermann Hertle, Chronik des Mauerfalls. Die dramatischen Ereignisse um den 9. November 1989, Berlin 1999; ders. (Hrsg.), Mauerbau und Mauerfall. Ursachen – Verlauf – Auswirkungen, Berlin 2002; ders., Der Fall der Mauer. Die unbeabsichtigte Selbstauflösung des SED-Staates, Berlin 1999.

17 Hierzu ausführlich: Werner Süß, Von Berlin nach Berlin. Die Hauptstadtsuche der Deutschen, Berlin 2000; ders., Berlin. Die Hauptstadt. Vergangenheit und Zukunft einer europäischen Metropole, Berlin 1999; ders., Die Bundesrepublik und das Politikum der Hauptstadtfrage, Berlin 1998; Rudolph Hermann, Wie Berlin wieder Hauptstadt wurde. Eine Erinnerung, in: Merkur, 60 (2006) 7, S. 575–586.

18 Inzwischen erschien hierzu: Armin Mitter, »Die Tragödie ist vorbei«. Die Alliierten in Berlin 1989/90, Schriftenreihe des Landesbeauftragten für die Unterlagen des Staatssicherheitsdienstes der ehemaligen DDR, Bd. 32, Berlin 2011.

19 Momper, Grenzfall.

20 Schröder, Von Politik und dummen Fragen.

21 Detlef Stronk, Berlin in den achtziger Jahren, Im Brennpunkt der deutsch-deutschen Geschichte, Berlin 2009.

22 Gerhard Kunze, Grenzerfahrungen. Kontakte und Verhandlungen zwischen dem Land Berlin und der DDR 1949–1989, Berlin 1999.

23 Harry Ristock, Neben dem roten Teppich. Begegnungen, Erfahrungen und Visionen eines Politikers, Berlin 1991.

24 Uwe Lehmann-Brauns, Die verschmähte Nation. Berliner Begegnungen, Wertungen, Stuttgart 2005.

25 Eberhard Diepgen, Deutsche Einheit. Gedanken, Einsichten und Perspektiven, Berlin 2000.

26 Vgl. Michael Richter, Die Wende. Plädoyer für eine umgangssprachliche Benutzung des Begriffs, in: DA, 40 (2007) 5, S. 861–868; Michael Richter, Ebenfalls gegen die Wende-Demagogie und für den Revolutionsbegriff, Replik auf Rainer Eckerts Anmerkungen, in: DA, 40 (2007) 6, S. 1086–1088; Martin Sabrow, Scheu vor dem R-Wort, in: Frankfurter Allgemeine Zeitung (FAZnet), Lesesaal, Podium: Die Epochenzäsur 1989/90 – eine deutsche Revolution?, 12.09.2008, URL: http://lesesaal.faz.net/wehler/exp_forum_comment.php?rid=28&tid=180 [10.03.2012].

27 Vgl. hierzu auch: Dieter Herberg/Doris Steffens/Elke Tallenbach, Schlüsselwörter der Wendezeit. Wörter-Buch zum öffentlichen Sprachgebrauch 1989/90 Berlin/New York 1997, S. 23–29. Die Autoren belegen, dass in der Phase zwischen Ende November 1989 und dem 19.03.1990 der Begriff äußerst dominant war.

28 So Bernhard Gotto in der Einladung zur Tagung »Hauptstadtanspruch und symbo-

lische Politik. Die Bundespräsenz im geteilten Berlin (1949–1990)«, 22. bis 23.04.2010 (Exemplar im Archiv der Verfasserin).

29 Vgl. Michael Lemke/Burghard Ciesla/Thomas Lindenberger (Hrsg.), »Sterben für Berlin?« Die Berliner Krisen 1948-1958, Berlin 2000; Michael Lemke (Hrsg.), Schaufenster der Systemkonkurrenz. Die Region Berlin-Brandenburg im Kalten Krieg, Köln [u. a.] 2006; ders., Vor der Mauer: Berlin in der Ost-West-Konkurrenz 1948 bis 1961, Köln [u.a.] 2011.

30 Zu diesem Ergebnis kommt auch Michael Lemke: Zum Stand der Forschung, in: ders. (Hrsg.), Schaufenster der Systemkonkurrenz. Die Region Berlin-Brandenburg im Kalten Krieg, Köln 2006, S. 12–17. Selbst in der Überblicksdarstellung des Stadthistorikers Wolfgang Ribbe nehmen die späten Jahre einen deutlich geringeren Stellenwert ein: Wolfgang Ribbe, Berlin 1945–2000. Grundzüge der Stadtgeschichte, Berlin 2002. Dirk Rotenberg mahnte diesbezüglich: »So wie die Geschichte der Stadt im Zeichen äußerer Bedrohung analysiert wurde, so müssen auch die Auswirkungen des Ausbleibens dieses Druckes untersucht werden.« Dirk Rotenberg, Berliner Demokratie zwischen Existenzsicherung und Machtwechsel. Die Transformation der Berlin-Problematik 1971–1981, Schriftenreihe der Historischen Kommission zu Berlin, Bd. 5, Berlin 1995, S. 9.

31 Wilfried Rott, Die Insel. Eine Geschichte West-Berlins 1948–1990. München 2009.

32 Gabriela Wachter, war jewesen – West-Berlin 1961–1989, Berlin 2009; Horst Bosetzky, West-Berlin. Erinnerungen eines Inselkindes, Berlin 2006; Kerstin Schilling, Insel der Glücklichen. Die Generation West-Berlin, Berlin 2004; Olaf Leitner, West-Berlin! Westberlin! Berlin (West)! – Die Kultur, die Szene, die Politik. Erinnerungen an eine Teilstadt der 70er und 80er Jahre, Berlin 2002.

33 In der Darstellung Wolfgang Schullers ist West-Berlin nur der bunte Kontrast zur grauen DDR (S. 22), der Ort der Maueropfer (S. 42) und des Mauerfalls (S. 185f.). Ders., Die deutsche Revolution 1989, Berlin 2009. Auch der Stadthistoriker Wolfgang Ribbe verfährt so: ders., Berlin 1945–2000, S. 167–178. In dem Kapitel »Die ›Wende‹ in Berlin« ist bis zum 09.11.1989 ausschließlich von Ost-Berlin die Rede.

34 Vgl. Kowalczuk, Endspiel, S. 247–253.

35 Ehrhart Neubert, Geschichte der Opposition in der DDR 1949–1989, 2. erw. u. korr. Aufl., Bonn 1997.

36 Ehrhart Neubert, Unsere Revolution. Die Geschichte der Jahre 1989/90, München 2008, S. 218–232, hier S. 223.

37 Dieter Mahncke, Das Berlin-Problem 1945–1989, die Berlin-Krise 1958–1961, in: Deutscher Bundestag (Hrsg.), Materialien der Enquete-Kommission: Aufarbeitung von Geschichte und Folgen der SED-Diktatur in Deutschland, Bd. V/1, S. 17–26; Redebeitrag von Manfred Wilke, Öffentliche Anhörung: »Internationale Rahmenbedienungen der Deutschlandpolitik 1949–1989«, Protokoll der 46. Sitzung der Enquete-Kommission: Aufarbeitung von Geschichte und Folgen der SED-Diktatur in Deutschland, ebd., S. 37–40.

38 Gerd Poppe verweist in seinem Redebeitrag nur in einem Satz vage auf »diese Bewegungen in West-Berlin, die ja auch ihre Ausstrahlungskraft hatten«. Ebd., S. 50f. Ausführlich hierzu sprach Roland Jahn, ebd., Bd. VII/1, Protokoll der 67. Sitzung, Öffentliche Anhörung: »Motivationen, Möglichkeiten und Grenzen widerständigen und oppositionellen Verhaltens (1. Teil)«, S. 143–147, hier S. 146f.

39 Redebeitrag von Manfred Wilke, Protokoll der 46. Sitzung der Enquete-Kommission, S. 40. Auch in einem jüngeren Aufsatz Wilkes, der sich explizit dem Mauerfall in Berlin widmet, kommen keine West-Berliner Akteure vor. Ders., Der 9. November: Fall der Berliner Mauer, in: Klaus-Dietmar Henke, Revolution und Vereinigung 1989/90. Als in Deutschland die Realität die Phantasie überholte, München 2009, S. 224–237.

40 Krijn Thijs, Der Mauerfall und das verlorene West-Berlin, in: DA, 7/2011, Online Ausgabe, S. 1, URL: http://www.bpb.de/geschichte/zeitgeschichte/deutschlandarchiv/53683/mauerfall-und-west-berlin?p=2 [13.02.2012].

41 Ausschuß für Deutsche Einheit (Hrsg.), Westberlin – Hort der Reaktion, Herd der Kriegsgefahr. Eine Dokumentation zur Frontstadtpolitik, Berlin 1958, S. 1. Der »Ausschuß für Deutsche Einheit« unterstand dem Ministerrat der DDR.

42 Art.: Vierseitiges Abkommen über Westberlin, in: Kleines politisches Wörterbuch, Berlin (DDR) 1973, S. 906f.

43 Hierzu ausführlich: Peter Jochen Winters, Die Deutschlandpolitik des Berliner Senats; in: DA, 22 (1989) 11, S. 1226–1230, hier S. 1227; Peter Füßlein, Ausgestaltung und Entwicklung des Vier-Mächte-Abkommens bis zum Herbst 1989, in: Langguth, Brennpunkt der Teilung, S. 107–123, hier S. 120f.

44 Vgl. Rupert Scholz, Berlin – Status und nationale Aufgabe, in: Eberhard Diepgen (Hrsg.), Berlinpolitik. Rechtsgrundlagen, Risiken, Chancen, Berlin 1989, S. 27–50, hier S. 50.

45 Die Sowjetunion sowie die DDR-Führung bestritten auch nach 1971 die Rechte der westlichen Alliierten an Berlin und behaupteten, Berlin sei nie aus der sowjetischen Besatzungszone herausgelöst worden. Diese Argumentation stand aus westlicher Sicht den gemeinsamen Vereinbarungen der Siegermächte entgegen. Vgl. Gerd Langguth, Der Status Berlin aus Sicht der DDR. Eine kritische Bestandsaufnahme, in: Diepgen, Berlinpolitik, S. 121–161; Mahncke, Das Berlin-Problem, S. 17–26.

46 Ausführlich zu den einzelnen Verhandlungsebenen: Kunze, Grenzerfahrungen, S. 366–377.

47 Jochen Staadt, Versuche der Einflussnahme der SED auf die politischen Parteien der Bundesrepublik nach dem Mauerbau, in: Materialien der Enquete-Kommission, Bd. V/3, S. 2406–2420, hier S. 2417.

48 Kunze, Grenzerfahrungen, S. 324f.

49 Heinrich Potthoff, Im Schatten der Mauer. Deutschlandpolitik 1961–1990, Berlin 1999, S. 288ff.; ders., Koalition der Vernunft, S. 14–27; Friedbert Pflüger/Jens Knappe: Deutschlandpolitik 1982–1990, in: Werner Weidenfeld/Karl-Rudolf Korte: Handbuch zur deutschen Einheit, Frankfurt Main/New York 1993, S. 173–182, Gerhard Kunze, Grenzerfahrungen, S. 298ff.

50 Wolfgang Jäger, Die Deutschlandpolitik der Bundesregierungen der CDU-CSU-F.D.P.-Koalition (Kohl-Genscher), die Diskussion in den Parteien und in der Öffentlichkeit 1982–1989, Baden-Baden 1995, S. 1572–1611, hier S. 1574.

51 Konrad H. Jarausch, Die unverhoffte Einheit, 1989–1990, Frankfurt/Main 1995, S. 20.

52 Ausführlich hierzu: Krijn Thijs, Drei Geschichten, eine Stadt. Die Berliner Stadtjubiläen von 1937 und 1987, Köln 2008, S. 95–278.; Jens Schöne, Das Herz der Republik. 750 Jahre Berlin, in: ders., Stabilität und Niedergang. Ost-Berlin im Jahr 1987, Schriftenreihe des Berliner Landesbeauftragen für die Unterlagen des Staatssicherheitsdienstes der ehemaligen DDR, Bd. 22, 3. Aufl., Berlin 2008, S. 11–42.

53 Wilhelm A. Kewenig, Deutschlandpolitik im Dreieck Berlin – Bonn – Berlin, in: Diepgen, Berlinpolitik, S. 51–62, hier S. 62.
54 Rotenberg, Berliner Demokratie.
55 Derix, Bebilderte Politik, S. 89–133.
56 Daum, Kennedy in Berlin, S. 180–195.
57 Wilfried Rott, Abschied von West-Berlin, in: APuZ 11/2010, S. 41–46, S. 42 und S. 43.
58 Heinz Bude, Der Name Berlin, in: ders., Generation Berlin, Berlin 2001, S. 68–86, Zitat S. 70f.
59 Daum, Kennedy in Berlin, S. 180.
60 Rott, Die Insel, S. 294–302.
61 Vgl. Rott, Abschied von West-Berlin, S. 43.
62 Bude, Der Name Berlin, S. 72f. Vgl. auch Belinda Davis, The City as Theater of Protest. West-Berlin and West-Germany 1962–1983, in: Gyan Prakash/Kevin M. Kruse (Hrsg.), The Spaces of the Modern City. Imaginaries, Politics and Everyday Life, Princeton 2008, S. 247–274.
63 Vgl. Jan Assmann, Das kulturelle Gedächtnis. Schrift, Erinnerung und politische Identität in frühen Hochkulturen, 6. Aufl., München 2007, S. 50–52.
64 Vgl. Aleida Assmann, Der lange Schatten der Vergangenheit. Erinnerungskultur und Geschichtspolitik, Bonn 2007, S. 31–36 und S. 208–210; Astrid Erll, Kollektives Gedächtnis und Erinnerungskulturen. Eine Einführung, Stuttgart 2005, S. 27–30 und S. 108–111; Assmann, Das kulturelle Gedächtnis, S. 52–55.
65 Assmann, Der lange Schatten der Vergangenheit, S. 210.
66 Peter L. Berger/Thomas Luckmann, Die gesellschaftliche Konstruktion der Wirklichkeit. Eine Theorie der Wissenssoziologie, 43.–44. Tsd., Frankfurt/Main 1998, S. 110. Zur Stadt als eigener Sinneinheit: Petra Gehring, Was heißt Eigenlogik? Zu einem Paradigmenwechsel für die Stadtforschung, in: Helmut Berking/Martina Löw (Hrsg.), Die Eigenlogik der Städte. Neue Wege für die Stadtforschung, Frankfurt Main/New York 2008, S. 153–168.
67 Berger/Luckmann, Die gesellschaftliche Konstruktion der Wirklichkeit, S. 104–111.
68 Ipsen, Regionale Identität, S. 248f.
69 Vgl. John Borneman, Belonging in the two Berlins. Kin, state, nation, Cambridge 1992, S. 223; Daum, Kennedy in Berlin, S. 175–186.
70 Andreas W. Daum spricht daher von »Amerikas Berlin«. Vgl. ders., Kennedy in Berlin.
71 Der Brandt-Brief, in: Der Spiegel, 40/1960, S. 50.
72 Martin Saar, Mahnmal, in: Nicolas Pethes/Jens Ruchatz, Gedächtnis und Erinnerung. Ein interdisziplinäres Lexikon, Hamburg 2001, S. 360.
73 AvB, Plenarprotokoll 11/16, 26.10.1989, Erklärung des Regierenden Bürgermeisters über politische Entwicklungen in Mitteleuropa, S. 726, A.
74 Eberhard Diepgen: geboren in Berlin 1941, Ekkehard Wruck: geboren in Berlin 1942, Klaus-Jürgen Landowsky: geboren in Berlin 1941, Uwe Lehmann-Brauns: geboren in Berlin 1938, Dankward Buwitt: geboren in Berlin 1938. Jürgen Adler war der Jüngste, geboren in Berlin 1950. Sie vertraten politisch nicht alle das gleiche Lager innerhalb der CDU, waren sich jedoch hinsichtlich der gegenüber der DDR einzuschlagenden Strategie weitestgehend einig.
75 Unter anderem: Hartwig Berger (1943 in Uelzen geboren, ab den 1970er Jahren in

West-Berlin lebend), Dagmar Birkelbach (1956 geboren, 2006 Verdacht wegen Tätigkeit als Inoffizielle Mitarbeiterin des MfS), Michael Cramer (geboren 1949, ab 1977 in West-Berlin), Benedikt Hopmann (geboren 1949 in Münster, ab den 1970er Jahren in West-Berlin), Bernd Köppl (1948 in Hessen geboren, Mitbegründer der AL), Renate Künast (1955 in Recklinghausen geboren, ab 1977 in West-Berlin), Hilde Schramm (1936 in Heidelberg aufgewachsen, ab den 1960er Jahren in West-Berlin), Albert Statz (ab den 1970er Jahren in West-Berlin).

76 Vgl. AvB, Plenarprotokoll 11/18, 16.11.1989, S. 834, A-B; Ristock, Neben dem roten Teppich.

77 Ristock, Neben dem roten Teppich, S. 147.

78 Auch Diepgen war in jenen Jahren hochschulpolitisch aktiv, musste jedoch sein Amt als AStA-Vorsitzender wieder abgeben, nachdem seine Mitgliedschaft in einer Burschenschaft bekannt geworden war. Ristock war aufgrund seiner Beteiligung an einer Demonstration gegen den Vietnamkrieg kurzzeitig aus der SPD ausgeschlossen worden.

79 So unter anderem die Sitzungen am 13.04.1989, 1.06.1989, 14.09.1989, 12.10.1989 und am 26.10.1989.

80 Udo Wetzlaugk, Alliierte in Berlin, Berlin (West) 1988, S. 193; Ernst R. Zivier, Verfassung und Verwaltung von Berlin, 2. aktual. und erw. Aufl., Berlin 1992, S. 40.

81 Das Vier-Mächte-Abkommen hatte noch einmal die Verantwortlichkeit der Alliierten für die Stadt bekräftigt. Es wurde jedoch erneut festgehalten, dass Berlin kein konstitutiver Bestandteil der Bundesrepublik sei und auch nicht von ihr regiert werden dürfe, wobei die Bindungen »aufrecht erhalten und entwickelt werden«. Bis 1990 blieb es ein Diskussionspunkt, ob die getroffenen Regelungen für Groß-Berlin oder nur für West-Berlin Gültigkeit hätten. Vgl. Wetzlaugk, Alliierte in Berlin, S. 97–104 und 379; Albrecht Randelzhofer, Staats- und völkerrechtliche Lage Berlins in unserer Zeit, in: Diepgen, Berlinpolitik, S. 63–95, hier S. 72–75; Peter Füßlein, Ausgestaltung und Entwicklung des Vier-Mächte-Abkommens bis zum Herbst 1989, in: Langguth, Brennpunkt der Teilung, S. 107–123, hier S.108f.

82 Rotenberg, Berliner Demokratie, S. 562–571, hier S. 565.

83 Rott, Die Insel, S. 363; Vgl. auch Jürgen Schmidt, Die Geschichte der Parteien in Berlin von 1945 bis 1989, in: Jakob Lempp/Christian Junge (Hrsg.), Parteien in Berlin, Berlin 2007, S. 47–50.

84 Vgl. Stefan Wolle, Die Berlinfrage im Bewußtsein der Bevölkerung der DDR, in: Materialien der Enquete-Kommission, Bd. V/1, S. 27–33, hier S. 27.

85 Erhard Krack, Hauptstadt Berlin und ihre Bürger, Berlin (DDR) 1987.

86 Die Kontrollen an der Stadtgrenze sowie die spezielle Zuzugsgenehmigung für Ost-Berlin waren entfallen, die Übernahme von DDR-Gesetzen musste nicht mehr durch den Magistrat beschlossen werden und ab 1979 durften die Berliner Abgeordneten für die Volkskammer der DDR von den Ost-Berlinern direkt gewählt werden. Vgl. Werner Weidenfeld/Karl-Rudolf Korte, Handbuch zur deutschen Einheit, S. 44; Gerd Langguth, Der Status Berlins aus Sicht der DDR, in: Diepgen, Berlinpolitik, S. 121–161, hier S. 137f.; ders., Die Berlinpolitik der DDR und der Sowjetunion, in: ders., Brennpunkt der Teilung, S. 142–170; Manfred Rexin, Ost-Berlin als Hauptstadt der DDR, in: DA, 22 (1989) 6, S. 649–659.

87 Vgl. Diepgen, Berlinpolitik.
88 Udo Wetzlaugk, Berlin und die deutsche Frage, Köln 1985, S. 193.
89 Peter Bender, Was wäre, wenn es West-Berlin nicht gäbe, Berlin 1987, S. 28.
90 Vgl. Potthoff, Koalition der Vernunft, S. 75–76; Elisabeth Noelle-Neumann, Wollen die Deutschen überhaupt noch die Wiedervereinigung? Oktober 1987, in: dies., Demoskopische Geschichtsstunde. Vom Wartesaal der Geschichte zur deutschen Einheit, Zürich 1991, S. 56–60, S. 66.
91 Bender, Was wäre, wenn es West-Berlin nicht gäbe, S. 96.
92 Potthoff, Die Koalition der Vernunft, S. 76.
93 Silke Jansen, Zwei deutsche Staaten – zwei deutsche Nationen?, in: DA, 22 (1989) 10, S. 1132–1143, hier: Tabelle 5, S. 1140.
94 Die über 60-Jährigen befürworteten dies zu 73 Prozent. Vgl. ebd., S. 1135–1136 und Tabelle 11, S. 1142.
95 Nur zwölf Prozent der Älteren teilten diese Überzeugung. Vgl. ebd., Tabelle 15, S. 1142.
96 Dieter Schröder, Die Herausforderung der Einheit in Berlin; in: Revue d‹ Allemagne et de pays de langue Allemande, 24 (1992) 2–3, S. 353–364, hier S. 353.
97 Wolfgang Kramer, Berlin. Eine Stadt auf der Suche nach ihrer Identität. Erinnerungen, Spuren, Wirkungen. München 1985, S. 80–81.
98 Karl-Rudolf Korte, Der Standort der Deutschen, Köln 1990, S. 83ff.
99 Ebd., S. 89.
100 Vgl. Wilhelm Bittorf, Schießplatz der Supermächte, in: Der Spiegel, 28/1981, S. 122–138.
101 »Die Windrichtung bestimmte die Verteilung von Risiken und Gefahren, nicht der nationale Staat, der offensichtlich Sicherheit nicht gewährleisten konnte.« Eckart Conze, Sicherheit als Kultur. Überlegungen zu einer »modernen Politikgeschichte« der Bundesrepublik Deutschland, in: Vierteljahrshefte für Zeitgeschichte (VfZ) 53 (2005) 3, S. 376.
102 Eberhard Diepgen, Berlin im Kräftefeld der Ost-West-Beziehungen. Perspektiven für eine geteilte Stadt, in: ders., Berlinpolitik, S. 9–26, hier S. 17.
103 Martin Sabrow verdeutlichte diese Entwicklung und zeigte auf, dass die »Metamorphose des Gegnerbilds« in den 1980er Jahren zu einer »Aushöhlung des Herrschaftsanspruchs« der SED führte. Martin Sabrow, Der Konkurs der Konsensdiktatur. Überlegungen zum inneren Zerfall der DDR aus kulturgeschichtlicher Perspektive, in: ders./Konrad H. Jarausch (Hrsg.), Weg in den Untergang. Der innere Zerfall der DDR, Göttingen 1999, S. 83–116, hier S. 103 und 105.
104 Protokoll Nr. 47 der Sitzung des Politbüros des ZK der SED, TOP 2: Zur Lage Westberlins (Analyse und Schlußfolgerungen für unsere Politik), 24.11.1987, BArch DY 30/ J IV/ 2/2A 3078, Bl. 9–121.
105 Ebd., Bl. 18–19.
106 Ebd., Bl. 24–28, hier S. 28.
107 Ebd., Bl. 36.
108 Protokoll der Abteilung für Internationale Politik und Wirtschaft vom 16.09.1986, Information über das sechste Gespräch mit führenden Funktionären des Landesverbandes der SPD Westberlins, 12.09.1986, LArch E-Rep. 300-89, Nr. 87, Bl. 12. Das Papier hatte mehrere Vorläufer. Vgl. BStU, MfS, Rechtsstelle, Nr. 512.

109 Ebd., Bl.13. Weitere Vorschläge Axens waren: Spitzenbegegnungen zwischen Politikern, enge Kontakte zwischen Mitgliedern der DDR-Regierung, des Senats und des Magistrats, eine Abstimmung über den Grenzverlauf mit dem Senat, eine Intensivierung der Zusammenarbeit auf dem Gebiet des Umweltschutzes, der Wasserwirtschaft und Müllentsorgung, gegenseitige Rechtshilfe, die Optimierung der Zusammenarbeit in Bezug auf die Deutsche Reichsbahn, die Fortsetzung der gegenseitigen Rückgabe von Kulturgütern, eine Erhöhung des touristischen Angebots für West-Berliner in der DDR, Bezirkspartnerschaften, die Zulassung weiterer Grenzübergänge (Staaken und Rudower Chaussee), das Gestatten der Begleitung West-Berliner Politiker durch die Ständige Vertretung, ein Ausweiten der wirtschaftlichen Beziehungen, die Elektrifizierung der Eisenbahnstrecke zwischen West-Berlin und der Bundesrepublik, der Ausbau und die Verbesserung der Transitstrecke sowie ein Stromverbund.

110 Auf Berichten von Rettner wird Axen meist als Kopie-Empfänger genannt.

111 Durch die Veröffentlichung des Strategiepapiers durch die Tageszeitung *Die Welt* galt nicht die Berliner SPD als Initiator sonder es schien, als wäre die SED zu einem Einlenken bereit. Vgl. Hausmitteilung H. Axen an E. Honecker, 10.02.1988, BArch DY 30/ IV 2/2.035/121.

112 Forschungsgruppe Wahlen e.V. (Hrsg.), Wahl in Berlin. Eine Analyse der Wahl zum Abgeordnetenhaus vom 29. Januar 1989, Mannheim 1989, S. 41 und S. 44 sowie Tabelle 6, S. A9.

113 Horst W. Schmollinger, Die Wahl zum Abgeordnetenhaus von Berlin am 29. Januar 1989. Ein überraschender Wandel im Parteiensystem; in: Zeitschrift für Parlamentsfragen, 20 (1989) 3, S. 309–322.

114 Vgl. Forschungsgruppe Wahlen, Wahl in Berlin 1989, S. 46 und Tabelle auf S. 43.

115 Ebd., S. 48–57.

116 Vgl. Bericht von E. Schwertner an das Büro Honecker, 30.01.1989, BArch, DY 30/ IV 2/2035/121, Bl. 125ff., hier Bl. 126.

117 Betreff: Erste Bewertung des Rbm Momper von der DDR-Führung übermittelten Papiers, 17.04.1989, PA AA, Referat 210, ZA 140.751 E, S. 1–2.

118 Hausmitteilung von G. Rettner an E. Honecker, 03.02.1989, BArch, DY 30/ IV 2/2035/121, Bl. 131–132.

119 Ebd., Bl. 133.

120 Protokoll Nr. 47 der Sitzung des Politbüros des ZK der SED, BArch, DY 30/ IV 2/2A/3078, Bl. 9–76.

121 Schreiben von Oskar Fischer an Erich Honecker, 07.02.1989, BArch, DY 30/ IV 2/2035/121, Bl. 135–137.

122 Protokoll Nr. 47 der Sitzung des Politbüros des ZK der SED, BArch, DY 30/ IV 2/2A/3078, Bl. 20.

123 Die Neuformulierung entsprach der üblichen Rhetorik: »Die DDR als souveräner Staat bekräftigt, daß sie die Verbindungen von Berlin (West) zur BRD stets in gebührender Weise berücksichtigen wird.« Schreiben von Oskar Fischer an Erich Honecker, 08.02.1989, Ebd., Bl. 140.

124 Interne Vorschläge an den Landesvorsitzenden der Westberliner SPD, Walter Momper, BStU, MfS Rechtsstelle, Nr. 406, Bl. 200. Als Faksimile in: Ristock, Neben dem roten Teppich, S. 155–161.

125 Ebd., Bl. 201.
126 Diepgen und Krack saßen zwei Mal im Rahmen von Gottesdiensten in derselben Kirche, hatten aber kein offizielles Gespräch miteinander geführt. Vgl. Kowalczuk, Endspiel, S. 223.
127 Die kommunale Zusammenarbeit beider Berliner Stadthälften war seitens der SED bis zu diesem Zeitpunkt stets abgelehnt worden. Hier zeigt sich somit ein interessanter Wandel bezüglich der Interpretation des Berlin-Status.
128 Hausmitteilung von G. Rettner an E. Honecker, 15.02.1989, BArch, DY 30/ J IV/ 2/2035/121, Bl. 154.
129 Hausmitteilung von G. Rettner an E. Honecker, 07.03.1989, BArch, DY 30/ J IV/ 2/2035/121, Bl. 148.
130 Hausmitteilung von G. Rettner an E. Honecker, 13.03.1989, BArch, DY 30/ J IV/ 2/2035/121, Bl. 168. Am Tag der Regierungserklärung veröffentlichte Der Spiegel die Inhalte des Non-Papers ohne zu wissen, dass die Initiative von der SPD ausgegangen war. Vgl.: Blanker Irrsinn, in: Der Spiegel, 11/1989, S. 12; Hausmitteilung von G. Rettner an E. Honecker, 13.03.1989, BArch, DY 30/ J IV/ 2/2035/121, Bl. 168.
131 Gudrun Heinrich, Rot-Grün in Berlin. Die alternative Liste in der Regierungsverantwortung 1989–1990, Marburg/Berlin 1993, S. 31.
132 Der frühere Katalog beinhaltete darüber hinaus noch die Frage der NATO-Zugehörigkeit sowie das Bekenntnis zur sozialen Marktwirtschaft. Vgl. Heinrich, Rot-Grün in Berlin, S. 31; Ristock, Neben dem roten Teppich, S. 194.
133 Anlageband zu den Ergebnissen der Koalitionsverhandlungen zwischen der Sozialdemokratischen Partei Deutschlands, Landesverband Berlin und der Alternativen Liste Berlin; zit. n.: Winters, Die Deutschlandpolitik des Berliner Senats, S. 1227.
134 Hausmitteilung von G. Rettner an E. Honecker, 14.04.1989, BArch, DY 30/ J IV/ 2/2035/121, Bl. 216.
135 Mergel, Überlegungen zu einer Kulturgeschichte der Politik, S. 591.
136 Dominik Geppert, Symbolische Politik. Berliner Konjunkturen der Erinnerung an die Luftbrücke, in: Helmut Trotnow/Bernd von Kostka (Hrsg.), Die Berliner Luftbrücke. Ereignis und Erinnerung, Berlin 2010, S. 137–147.
137 Klaus Hartung, Die Wonnen der Normalität oder Über eine zukunftsmüde Linke, in: Neue Gesellschaft / Frankfurter Hefte, 32 (1985) 6, S. 522.
138 Trostreiche Tüttelchen, in: Der Spiegel, 4/1989, S. 47.
139 Die Mahnworte lauteten: »Meine Damen und Herren! Ich eröffne die [...] Sitzung des Abgeordnetenhauses von Berlin und bekunde unseren unbeugsamen Willen, daß die Mauer fallen und Deutschland mit seiner Hauptstadt Berlin in Frieden und Freiheit wiedervereinigt werden muß.« zit. n.: Fast exotisch; in: Der Spiegel, 38/1970, S. 39–46, hier S. 46. Erstmals hatte 1982 Alexander Longolius (SPD) auf die eröffnenden Worte verzichtet. Nach dem 9. November 1989 hat auch die zweite Vizepräsidentin Marianne Brinmkaier (SPD) sie nicht mehr gesprochen. Vgl. Brigitte Fehrle, Nach der Mauer fällt auch ein hohles Berliner Ritual, in: taz, 20.01.1990, S. 1.
140 Zit. n. Dorothea Hilgenberg, Abschied vom Ritual, in: Die Welt, 02.06.1989, URL: http://www.zeit.de/1989/23/abschied-vom-ritual [13.02.2012]
141 Vgl. Rott, Abschied von West-Berlin, S. 42.
142 17. Juni: Trotz alledem, in: Der Spiegel, 24/1989, S. 28–29.

143 Vgl. Non-Paper für die SPD, BStU, MfS Rechtsstelle, Nr. 442, Bl. 29f.
144 AvB, Plenarprotokoll 11/3, 13.04.1989, Frage über Gespräch des Regierenden Bürgermeisters mit einer FDJ-Gruppe, S. 52, C–D.
145 »der senat hält an dem gedanken der gemeinsamen presseerklaerung fest, weil damit die ddr gezwungen wird, in ihrer presse aussagen und positionen zu veroeffentlichen, denen sie bisher aus dem wege gehen konnte.«, Telex Hinkefuß an Füßlein, 02.06.1989, LArch B Rep. 002, Nr. 14669, S. 1; Vgl. Momper, Grenzfall, S. 34–35.
146 Die Entwürfe der Senatskanzlei sowie ein Telex an die Senatsverwaltung für Bundesangelegenheiten mit dem Korrekturvorschlag der DDR befinden sich in LArch B Rep. 002, Nr. 14669–14671.
147 Sprechzettel von Dieter Schröder zum Treffen mit Walter Müller, 09.05.1989, LArch B Rep. 002, Nr. 14669.
148 Korrekturvorschlag der Senatskanzlei, BStU, MfS, Rechtsstelle, Nr. 406, Bl. 109.
149 BStU, MfS Rechtsstelle, Nr. 406, Bl. 92. Die Senatskanzlei wollte den Absatz zeitweise gänzlich streichen. Vgl. ebd., Bl. 109.
150 Der Originaltext des Abkommens lautet an der betreffenden Stelle: »They declare, in the exercise of their rights and responsibilities, that the ties between the Western Sectors of Berlin and the Federal Republic of Germany will be maintained and developed, taking into account that these Sectors continue not to be a constituent part of the Federal Republic of Germany, and not to be governed by it.« Vgl. Runderlaß des Staatssekretärs Gehlhoff, in: Institut für Zeitgeschichte (Hrsg.), Akten zur auswärtigen Politik der Bundesrepublik, 1975 – 1. Januar bis 30. Juni, München 2006, Dokument 22, S. 118.
151 Vgl. Mahncke, Das Berlin-Problem, S. 1776, Anm. 11. In der westdeutschen Übersetzung des Abkommens lautet die Formulierung in der Anlage II, Absatz 1: »In Ausübung ihrer Rechte und Verantwortlichkeiten erklären sie, daß die Bindungen zwischen den Westsektoren Berlins und der Bundesrepublik Deutschland aufrechterhalten und entwickelt werden, wobei sie berücksichtigen, daß diese Sektoren wie bisher kein Bestandteil (konstitutiver Teil) der Bundesrepublik Deutschland sind und auch weiterhin nicht von ihr regiert werden.« Vgl. Bundesministerium für innerdeutsche Beziehungen (Hrsg.), Zehn Jahre Deutschlandpolitik, Bonn 1980, S. 158 ff.; S. 188–189.
152 Kopie eines undatierten Schreibens der Alliierten an die Senatskanzlei, LArch B Rep. 002, Nr. 14670, S. 1.
153 Vgl. Telex Füßlein an Hinkefuß, Pfarr und Haesen, 29.05.1989, LArch B Rep. 002, Nr. 14669.
154 Vgl. Vorarbeit zur Presseerklärung: Hage an Schröder, 07.06.1989, LArch B Rep. 002 Nr. 14671.
155 Vgl. Telex Füßlein an Hinkefuß, Pfarr und Haesen, 29.05.1989, LArch B Rep. 002, Nr. 14669, S. 3.
156 Vgl. ebd., zusammenfassender Vermerk von Füßlein, 16.06.1989.
157 Entwurf einer Presseerklärung vom 14.06.1989, Vorg.: Ressortbesprechung bei Senatorin Pfarr am 15.06.1989, LArch, B Rep. 002 Nr. 14671.
158 Vermerk über Gespräch von Chef der Senatskanzlei mit den politischen Ressorts im Auswärtigen Amt zum Treffen Momper-Honecker, Protokoll vom 09.06.1989, LArch B Rep. 002 Nr. 14671.

159 Die vereinbarten Punkte waren: Die Verlängerung des Mehrfachberechtigungsscheins, die Erteilung der Einreisegenehmigung für dessen Inhaber direkt am Grenzübergang, die Möglichkeit der Übernachtung bei Tagesbesuchen in Ost-Berlin, die Erlaubnis zur Mitnahme von Hunden und Kleintieren, eine Ausweitung der Bezirks- und Städtepartnerschaften, die Teilnahme der DDR an der Grünen Woche und die Förderung des Tourismus von West-Berlin in die DDR.

160 Protokoll der Senatskanzlei über das Gespräch Momper mit Generalsekretär und Staatsratsvorsitzendem Erich Honecker, zit. n. Potthoff, Koalition der Vernunft, S. 918–956, hier S. 935–938.

161 AvB, 11/10, 22.06.1989, Erklärung des Regierenden Bürgermeisters über das Gespräch mit dem Generalsekretär und Staatsratsvorsitzenden Erich Honecker, S. 348 B bis 349 B.

162 Redebeitrag Diepgen, Ebd., S. 351, C.

163 Einwurf Buwitt, ebd., S. 356, B.

164 Vgl., Gerd Nowakowski, Bonn grüßt Berlin: Haut auf diese Stadt!, in: taz, 09.03.1989, S. 1.

165 Zur Bedrohung West-Berlins durch die Streitkräfte der DDR und der Sowjetunion: Friedrich Jeschonneck, Alliierte in Berlin 1945–1994. Ein Handbuch zur militärischen Präsenz der Westmächte, Berlin 2002, S. 172–194, hier S. 188. Seitens der West-Alliierten existierten lediglich Verteidigungspläne, die jedoch Vergeltungsmaßnahmen beinhalteten. 1982 erfolgte deren letzte Aktualisierung: Contingency Plan »Epic Eagle«. Die Planung oblag seit 1959 dem Stab »Live Oak« unter Leitung des Oberbefehlshabers der US-Streitkräfte in Europa, vgl. ebd., S. 203–229.

166 Vgl. Pressespiegel des MfS, BStU, MfS, Sekretariat Neiber, Nr. 450, Bl. 150–187.

167 Was bekannte Berliner sagen, in: Berliner Morgenpost, 20.06.1989, in: ebd., Bl. 173.

168 Abteilung Westberlin: Orientierung und Vorschläge zur Gestaltung von kommunalpolitischen Erfahrungsaustauschen zwischen den Stadtbezirken der Hauptstadt Berlin und den Bezirken von Berlin (West) Mitte und Wedding, Prenzlauer Berg und Kreuzberg sowie Pankow und Reinickendorf, 07.08.1989, BStU, MfS, Rechtsstelle, Nr. 391, Bl. 25f.

169 Ebd., Bl. 27.

170 Ebd., Bl. 27–28.

171 Vgl. Statistisches Landesamt Berlin (Hrsg.), Statistisches Jahrbuch 1995, Berlin 1995, S. 33; AvB, Plenarprotokoll 11/16, 26.10.1989, Aktuelle Stunde zum Thema »Bevölkerungsentwicklung in Berlin«, S. 713, C.

172 Ebd., S. 710f. Diese Regelung betraf nicht Polen mit deutscher Abstammung und polnische Asylbewerber. Man wollte den Schwarzhandel beenden und sorgte so jedoch für dessen Konzentration auf West-Berlin.

173 AvB, Antwort auf die Kleine Anfrage Nr. 444, Drucksache 11/290, S. 44.

174 Kommandanten-Sitzung, 13.09.1989, LArch B Rep. 002 Nr. 22419–224120.

175 Volker Ronge: Übersiedler; in: Werner Weidenfeld/Karl-Rudolf Korte [Hrsg.]: Handbuch zur deutschen Einheit, S. 643–647.

176 Vgl. AvB, Plenarprotokoll 11/10, 22.06.1989, Aktuelle Stunde zum Thema »Aus- und Übersiedler in Berlin«, S. 356–363.

177 Vgl. Martina Habersetzer, Marienfelde überfüllt, in: taz, 25.10.1989, S. 16.

178 Ausreisestatistik, BStU, MfS, Z, Nr. 4681, Bl. 117.
179 Ebd., Bl. 118. In dieser Kategorie führte Ost-Berlin die Statistik an, gefolgt vom Bezirk Leipzig mit 523 Fluchten.
180 Außenwanderungsverluste Januar 1990 nach Bezirken, BArch, DC 20/ 11387, Bl. 90ff. In Bezug auf die Einwohnerzahl war Ost-Berlin allerdings nur der fünft größte Bezirk.
181 Die Dokumente geben leider keine Auskunft darüber, wie viele Personen nach West-Berlin gingen und wie viele in die Bundesrepublik. Es kann jedoch davon ausgegangen werden, dass ein Großteil der Ost-Berliner in Berlin blieb.
182 Vgl. AvB, Plenarprotokoll 11/13, 14.09.1989, Beschlagnahmung von Wohnungen im Bezirk Steglitz, S. 466.
183 Die Katastrophe ist da; in: Der Spiegel, 46/1989, S. 130–137.
184 AvB, Plenarprotokoll 11/16, 26.10.1989, Aktuelle Stunde zum Thema »Bevölkerungsentwicklung in Berlin«, Beitrag von Staffelt (SPD), S. 710, D.
185 Vgl. Start im Kapitalismus – ohne Bonbons, in: taz Berlin, 23.10.1989, S. 18.
186 AvB, Plenarprotokoll 11/16, 26.10.1989, Regierungserklärung des Regierenden Bürgermeisters über politische Entwicklungen in Mitteleuropa, S. 716–719, hier S. 716, B.
187 Die gesetzliche Grundlage stellte das Bundesvertriebenengesetz (BVFG) vom 19. Mai 1953 dar.
188 Vgl. BVFG, §1. Hier wird meist noch zwischen offiziellen Übersiedlern und Flüchtlingen unterschieden.
189 Vgl. Jarausch, Die Umkehr, S. 325–335.
190 Vgl.: Olaf Hillenbrand/Christian Matern, Berlin, in: Werner Weidenfeld/Karl-Rudolf Korte, Handbuch zur deutschen Einheit, S. 43f.; Schröder, Das geltende Besatzungsrecht, S. 18–19.
191 Vgl. Albrecht Randelzhofer, Staats- und völkerrechtliche Lage Berlins in unserer Zeit, S. 84–89.
192 Freya Klier, An die Westlinke, in: taz, 14.08.1989, S. 8.
193 Freya Klier, Apartheid der AL, in: taz, 22.08.1989, S. 8 unter Bezugnahme auf Vera, Berliner AL uneins über »Zonis«, in: taz, 24.08.1989, S. 4.
194 Brigitte Fehrle, Den Aussiedlerbegriff neu definieren, in: taz, 02.06.1989, S. 5.
195 Freya Klier, Apartheid der AL, in: taz, 22.08.1989, S. 8.
196 Die Analyse basiert auf Leserbriefen und Artikeln der taz: Karl Kirsch, Peter Sokowiak und Christine Groenevold (Berlin), in: taz, 30.08.1989, S. 14; Brief von Andree Slickers (Berlin), in: taz, 31.08.1989, S. 14; Brief von Manfred Schwind (Berlin), in: taz, 01.09.1989, S. 19; Brief von K. und U. Meyer (Berlin), in: taz, 01.09.1989, S. 19; Vera Gaserow, Falsche und richtige Fremde in: taz, 05.09.1989, S. 8; Brief von Carsten Timmermann (Berlin), in: taz, 10.10.1989, S. 15.
197 Brief von Andree Slickers (Berlin), in: taz, 31.08.1989, S. 14.
198 Brief von Feldmann, in: taz, 30.08.1989, S. 14.
199 Brief von Carsten Timmermann (Berlin), in: taz, 10.10.1989, S. 15; Brief von Peter Myrda (Kassel), in: taz, 10.10.1989, S. 15; Andreas Werner, Wir schreiben das Jahr Null, in: taz, 06.10.1989, S. 8.
200 Brief von Andree Slickers (Berlin), in: taz, 31.08.1989, S. 14.

201 Brief von Peter Sokowiak (Berlin), in: taz, 30.08.1989, S. 14.
202 Vgl. Brief von Werner Pfetzing (Berlin), taz, 01.09.1989, S. 19. Brief von Wieland Niekisch (SO36), in: taz, 05.09.1989, S. 15; Udo Knapp, Reißt den Stacheldraht aus dem Kopf, taz, 24.08.1989, S. 8.
203 So werden in Aufnahmelagern interviewte DDR-Bürger oftmals mit den Worten zitiert: Gott sei Dank, sei man hier nur unter Deutschen, »die Polen« seien schuld daran, dass man überhaupt noch hier sitze etc., Vgl. Zwischen »Aldi« und Karateschule, in: taz, 18.10.1989, S. 20; Christine Berger, Deutsch, deutsch und nochmals deutsch, in: taz, 25.09.1989, S. 5.
204 Christine Berger, Deutsch, deutsch und nochmals deutsch, in: taz, 25.09.1989, S. 5.
205 B.Z., 11.9.1989, Titelseite.
206 Noch keine Lösung für Flüchtlinge in den Bonner Botschaften in Sicht, in: Der Tagesspiegel, 22.09.1989, S. 6.
207 Vgl. exemplarisch: B.Z. vom 11.09., 05.10., 06.10., 04.11. und 08.11.1989.
208 AvB, Plenarprotokoll 11/10, 22.06.1989, Aktuelle Stunde zum Thema »Aus- und Übersiedler in Berlin«, S. 356–363.
209 Redebeitrag Fink, ebd., S. 358, C.
210 Redebeitrag Preuss, ebd., S. 363, C.
211 Redebeitrag Andres, ebd., S. 357, A und S. 362, B.
212 AvB, Plenarprotokoll 11/13, 14.09.1989, Erklärung des Regierenden Bürgermeisters über Auswirkungen der Entwicklung in der DDR auf Berlin, S. 473–485, hier S. 473, D.
213 Ebd., S. 474, A–B.
214 Ebd., S. 475, A.
215 Redebeitrag Diepgen, ebd., S. 476, D.
216 Redebeitrag Statz, ebd., S. 481, B.
217 Vgl. Jarausch, Die unverhoffte Einheit, S. 48.
218 AvB, Plenarprotokoll 11/16, 26.10.1989, Aktuelle Stunde zum Thema »Bevölkerungsentwicklung in Berlin«, S. 710, D.
219 Redebeitrag Voss, S. 714, A–B.
220 Ebd., C–D.
221 Walter Momper befürchtete: »Eine Eskalation der Gewalt konnte auch jederzeit durch unbedachte Handlungen einzelner Bürger entstehen. Die Wut im Volk war dazu groß genug. Ich fürchtete, daß wir in West-Berlin dann ähnlich hilflos dastehen würden wie 1953 beim Volksaufstand in Ost-Berlin und 1961 beim Mauerbau.« ders., Grenzfall, S. 80; vgl. auch Schröder, Über Politik und dumme Fragen, S. 132f.
222 Mitteilung des SEW-Vorsitzenden Dietmar Ahrens an Rettner nach einem Gespräch mit Valentin Falin am 02.10.1989, BStU, MfS, Arbeitsbereich Neiber, Nr. 430, Bl. 64–66.
223 Vgl. Kowalczuk, Endspiel, S. 389ff.; Neubert, Unsere Revolution, S. 125–126.
224 Momper, Grenzfall, S. 86.
225 AvB, 11. Wahlperiode, Protokoll der 7. Sitzung des Ausschusses für Bundesangelegenheiten und Gesamtberliner Fragen, 12.10.1989.
226 AvB, Plenarprotokoll 11/15, 12.10.1989, Aktuelle Stunde zum Thema »Aktuelle Entwicklungen in Ost-Berlin und in der DDR«, S. 633–652. Nur SPD und AL wiesen auf die

Vorfälle hin. Staffelt: »Die SED muß begreifen: In der DDR wie überall auf der Welt, werden gesellschaftliche Konflikte nicht mit dem Polizeiknüppel oder mit anderen Formen staatlicher Gewalt gelöst.« (Ebd., S. 636, D) Cramer (AL) sprach von »Massenverhaftungen« (Ebd., S. 639, C). Momper protestierte gegen die Transit-Einschränkungen, die Störung des Radiosenders *100,6* und die Verhaftungen. Der Senat fordere von der SED die Aufgabe des Machtmonopols, die Anerkennung der Opposition sowie die Einhaltung der in der KSZE-Schlussakte verbrieften Rechte. (ebd., S. 641 C)

227 Ebd., S. 641, A–B.

228 Die peinliche Feier, in: Der Tagesspiegel, 08.10.1990, Titelseite: Gorbatschow und Honecker trafen sich zu einem vertraulichen Gespräch, in: ebd.; Unentwegt grüßend nahm Honecker die Militärparade ab, in: ebd., S. 2.

229 Tausende demonstrierten in der Ost-Berliner Innenstadt, in: Der Tagesspiegel, 08.10.1989, Titelseite; Proteste in Ost-Berlin und der DDR, in: ebd., S. 2; Mit scharfen Hunden in Hinterhöfe gehetzt und mißhandelt!, in: ebd., S. 6.

230 »Sie hielten sich an den Händen, rissen die Arme hoch und riefen: »Demokratie – jetzt oder nie!«, in: B.Z., 08.10.1990, S. 2–3; »Reform mit dem Knüppel«, in: ebd., S. 2;

231 »Die haben ganz plötzlich wahllos losgeprügelt«, in: taz, 09.10.1989, S. 2.

232 »Tage und Nächte nach dem 7. Oktober 1989«, in: taz, 24.10.1989, S. 3.

233 Walter Süß, Einschüchtern durch Gewalt, in: taz, 24.10.1989, S. 3.

234 Vgl. »Reisefreiheit und Reformen«, in: taz Berlin, 19.10.1989, S. 19; Und das sagt die Welt zum neuen Mann, in: B.Z. 19.10.1989, S. 50.

235 Der Aufsteiger, in: B.Z., 19.10.1989, S. 47; »Benjamin« Egon Krenz machte eine steile Karriere, in: Der Tagesspiegel, 18.10.1989, Titelseite.

236 AvB, Plenarprotokoll 11/16, 26.10.1989, Erklärung des Regierenden Bürgermeisters über politische Entwicklungen in Mitteleuropa, S. 715, B.

237 Interview, in: Berliner Morgenpost, 22.10.1989, entnommen: LArch, E Rep. 300-89, Nr. 14.

238 Die neueste Schätzung lieferte Kowalczuk, der auf maximal 200.000 Teilnehmer kommt. Die Medien kommunizierten damals Teilnehmerzahlen von bis zu einer Million. Somit war die Demonstration auf dem Alexanderplatz zwar nicht die größte 1989/90, erweckte jedoch zeitgenössich den Anschein. Vgl. ders., Endspiel, S. 451f.

239 Kowalczuk, Endspiel, S. 446.

240 Vgl. Klaus Hartung, Masse und Demokratie, in: taz, 04.11.1989, S. 8; Georgia Tornow: Geschichte wird gemacht, in: taz, 06.11.1989, S. 1; Klaus Hartung, Die Fall der Mauer, in: taz, 06.11.1989, S. 8. Das sich dieser Unterschied in der Bewertung fortsetzte, zeigte eine Diskussion der Enquete-Kommission: Während Manfred Wilke den 04.11.1989 als einen entscheidenden Tag bezeichnete, lehnte Markus Meckel dies ab. Vgl. Materialien der Enquete-Kommission, Protokoll der 46. Sitzung, Bd. V/1, S. 39 und 46.

241 Presseerklärung der AL, 04.11.1989, AGG B.II.1.2330.

242 Vgl. Interview mit Ralf Hirsch, 26.08.2010.

243 Vgl. Hertle, Chronik des Mauerfalls, S. 103–107.

244 Vgl. Momper, Grenzfall, S. 110.

245 Vgl. Kunze, Grenzerfahrungen, S. 360.

246 Vgl. Kowalczuk, Endspiel, S. 447f.

247 Klaus Hartung, Der Fall der Mauer, in: taz, 06.11.1989, S. 8.
248 Daß ich das noch erleben darf, in: B.Z., 06.11.1989, S. 2–3.
249 Heinrich, Rot-Grün in Berlin, S. 21.
250 Joachim Raschke, Die Grünen. Wie sie wurden, was sie sind, Köln 1993, S. 274. Mit Gründung der AL verlor die SEW die Hälfte ihrer Stimmen sowie über 40 Mitglieder an die neue Partei, Ebd., S. 280, Anm. 45. AL-Mitglied Köppl: »Die KPD hätte mit ihrer Mannschaftsstärke die AL total übernehmen können.« Ebd., S. 281.
251 So die Position der KPD und der KPD/ML; hierzu: Andreas Kühn, Stalins Enkel, Maos Söhne. Die Lebenswelt der K-Gruppen in der Bundesrepublik der 70er Jahre, Frankfurt/Main 2005, S. 102ff.
252 Vgl. Siegfried Reiprich: Die linke Opposition in der DDR als eigene Größe zwischen Prag 1968 und westeuropäischer Studentenrevolte; in: Linke Opposition in der DDR und undogmatische Linke in der BRD. Tagungsdokumentation, Jena 1996, S. 37–55.
253 Vgl. Aktivitäten der West-Berliner »Alternativen Liste« im Zusammenhang mit den bevorstehenden Gesprächen einer offiziellen AL-Delegation beim ZK der SED, 20.11.1986, BStU, MfS, HA II, Nr. 31540, Bl. 11–14; AL sagt Gespräche mit SED ab, in: Der Tagesspiegel, 21.11.1986, S. 2.
254 Kunze, Grenzerfahrungen, S. 477f.
255 In keinem der zur Verfügung stehenden Archive konnten Belege für Parteikontakte gefunden werden.
256 Es finden sich vereinzelt Hinweise auf Treffen zwischen CDU und SED, so zum Beispiel der Vorwurf Staffelts gegenüber Jürgen Adler: »Sie sind doch mit denen abends immer Saufen gegangen, Schicki-Micki in Wilmersdorf, wissen Sie das nicht mehr?«, AvB, Plenarprotokoll 11/17, 22.03.1990, S. 1393, C.
257 Ristock, Neben dem roten Teppich, S. 143.
258 Ebd., S. 146–147; Vgl. die IPW-Protokolle im Nachlass von Harry Ristock, LArch, E-Rep. 300-89, Nr. 87 sowie die Gesprächsvermerke von Alexander Longolius, LArch, E-Rep. 300-89, Nr. 14.
259 Gerhard Heimann nahm an drei Gesprächen zwischen 1986 und 1988 teil. Aus dem Protokoll wurde seine Tätigkeit als Bundestagsabgeordneter gestrichen.
260 Gerd Löffler nahm an den Treffen am 20.11.1987, am 21.09.1989 und am 23.11.1989 teil.
261 Horst Wagner nahm an den Treffen 1987 und 1988 teil.
262 Bis 1989 nahm, wie auch an den Gesprächen auf Bundesebene, Otto Reinhold (Direktor der Akademie für Gesellschaftswissenschaften) regelmäßig teil. Weitere Teilnehmer waren Max Schmidt (Direktor des zur IPW gehörigen Forschungsinstituts) und ab 1988 Siegfried Ransch, Sektorleiter der IPW. Zu einzelnen Sitzungen kamen hinzu: Karl-Heinz Wagner (ZK), Eckhard Heinze (ZK), Walter Müller (MfAA).
263 Vgl. Bericht über die Unterredung des Genossen Müller mit dem Spitzenvertreter der West-Berliner SPD, Ristock, und dem stellvertretenden Präsidenten des Abgeordnetenhauses, Longolius, 11.05.1983, BStU, MfS, Rechtsstelle, Nr. 512, Bl. 19–26.
264 Vgl. ebd.; Bl. 1–37.
265 Hausmitteilung von G. Rettner an E. Honecker, 10.05.1989, BArch, DY 30/ J IV/ 2/2035/121, Bl. 240–242, hier Bl. 242.
266 Protokoll der Abteilung IPW über ein Gespräch mit führenden Funktionären des SPD-

Landesverbandes in Berlin (West) am 21.09.1989, 22.09.1989, LArch, E-Rep. 300-89, Nr. 87.

267 Information über Reaktionen in der West-Berliner SPD auf die Erklärung des Politbüros vom 11.10.1989, BStU, MfS, HV A, Nr. 813, Bl. 283–285, hier 284f. Bereits in den Jahren 1987 und 1988 hatte sich Rainer Eppelmann erfolglos mit der Idee einer Reaktivierung der SPD in der DDR an die Partei gewandt. Besonders Walter Momper hatte stets ablehnend reagiert. Vgl. Andreas H. Apelt, Die Opposition in der DDR und die deutsche Frage 1989/90, Berlin 2009, S. 90.

268 Vermerk von Alexander Longolius zum Treffen SPD/SED am 19.10.1989, LArch, E Rep. 300-89, Nr. 14.

269 Hausmitteilung von G. Rettner an E. Honecker, 10.05.1989, DY 30/ J IV/ 2/2.035/121, Bl. 242.

270 Brief der Umweltgruppen aus der Hauptstadt-Berlin und der Mark-Brandenburg an Walter Momper, RHG, RG/B 19/03.

271 Brief von Jürgen Adler und Uwe Lehmann-Brauns, 16.06.89, LArch, B Rep. 002 Nr. 14671.

272 »DDR«-Flüchtlinge an Momper: Honecker soll Transit-Verbot aufheben, in: Welt am Sonntag, 19.06.1989, entnommen: BStU, MfS, Sekretariat Neiber, Nr. 450, Bl. 187.

273 Brief von Bernward Hippel, Initiative für den Aufbau einer unabhängigen politischen Jugendorganisation, an Walter Momper, 17.06.1989 und Anlage 1, Antwortbrief an die »Arche« in Ost-Berlin und zur Kenntnisnahme an den »Regierenden Bürgermeister von (West-) Berlin und die Abgeordnetenhausfraktion von SPD und AL, LArch, B Rep. 002, Nr. 14671, S. 1.

274 AvB, Plenarprotokoll 11/10, 22.06.1989, Gesprächsangebot von DDR-Umweltgruppen an den Regierenden Bürgermeister, S. 419.

275 Der Name spielt auf die Müllexporte West-Berlins in die DDR an. Die Gruppe hatte sich 1988 nach einem Beitrag der TV-Sendung *Kontraste* über die Müllverbrennungsanlage Schöneiche gegründet.

276 Brief der Initiative an die Umweltbibliothek, RHG, RG/B, 19/03.

277 Umweltblätter, Juli 1989, Nr. 31, S. 33.

278 Zu seinem Verhältnis zu Ristock und Longolius befragt, antwortete Hirsch: »Die hatten nur ein Interesse: Mit einer Erfolgsmeldung aus dem Osten zu kommen, um in die Tagesthemen zu kommen. (...) Ich wusste, die gehen eh nicht zur DDR-Opposition.« Interview mit Ralf Hirsch, 28.08.2010.

279 Fernschreiben Bertele, 20.09.1989, Dok. 43, Sondered. BKAmt 1989/90, S. 409–410, hier S. 410.

280 Zur Geschichte der SDP und ihrem Verhältnis zur SPD: Daniel Friedrich Sturm, Uneinig in die Einheit, die Sozialdemokratie und die Vereinigung Deutschlands, Bonn 2006; Bernd Faulenbach (Hrsg.), Die deutsche Sozialdemokratie und die Umwälzung 1989/90, Essen 2001; Wolfgang Herzberg (Hrsg.), Auf den Anfang kommt es an. Sozialdemokratischer Neubeginn in der DDR 1989/90, Interviews und Analysen, Bonn 1993.

281 Schröder, Von Politik und dummen Fragen, S. 140.

282 Momper, Grenzfall, S. 99f.

283 Interview mit Ralf Hirsch, 26.08.2010.

284 Vgl. Ansgar Vössing, Die Kontakte der Berliner CDU zur Opposition und zu neuen Parteien in der DDR, in: DA, 43 (2010) 1, S. 52–59.
285 Vgl. Lehmann-Brauns, Die verschmähte Nation, S. 54–118.
286 Vössing, Die Kontakte der Berliner CDU, S. 55.
287 Diepgen sprach mehr als drei Stunden mit der Ost-CDU, in: B.Z., 03.11.1989, S. 34.
288 Vgl. Vössing, Die Kontakte der Berliner CDU, S. 56.
289 Vgl. Thomas Auerbach: Der Frieden ist unteilbar. Die blockübergreifende Friedensbewegung im Visier der Stasi-Hauptabteilung XX/5 1981–1987; in: Linke Opposition in der DDR und undogmatische Linke in der BRD, S. 72–88.
290 Die Entwicklung hatte im November 1986 begonnen, als Wolfgang Schenk verboten wurde, an Gesprächen zwischen AL und SED teilzunehmen, da »ein Mensch, der verbal mit seiner ganzen Art und Weise Gespräche und Kontakte zur DDR-Führung ablehnt, solange keine bestimmten Vorbedingungen erfüllt sind (...), nicht dazu in der Lage ist, dort auch gesprächsbereit zu sein.« Abschrift eines Interviews des TV-Senders ARD, BStU, MfS, HA II, Nr. 31540, Bl. 9–10, hier Bl. 9.
291 Diplomarbeit an der juristischen Hochschule des MfS, Ralf-Peter Urbschat/Lutz Leucht, Das Verhältnis der »Alternativen Liste für Demokratie und Umweltschutz« (AL) zur Friedensbewegung und damit zusammenhängende politische und politisch-operative Aspekte der Auffassung der AL zur Rolle von Berlin (West) in der internationalen Klassenauseinandersetzung, 01.04.1988, BStU, MfS, JHS, Nr. 21247, S. 106.
292 Ebd., S. 103 und 105.
293 So listen Studien des MfS über verdächtige Personen fast ausschließlich Bundes- und nur wenige Berliner Landespolitiker auf. Vgl. Diplomarbeit an der juristischen Hochschule des MfS, Thomas Krafft, Thema: »Das Wirksamwerden von feindlichen Kräften in der Partei Die Grünen der BRD und der Alternativen Liste – Berlin (West) im Sinne der Inspirierung und Organisierung politischer Untergrundtätigkeit in der DDR«, 29.03.1989, BStU, MfS, JHS, Nr. 21501.
294 Information über eine Zusammenkunft von Mitgliedern der AL im Westberliner Abgeordnetenhaus mit Mitgliedern personeller Zusammenschlüsse in der Hauptstadt der DDR, Berlin, 27.07.1989, BStU, MfS, ZAIG, Nr. 6033, Bl. 1–3. Die Umweltbibliothek gehörte zum anarchistischen Spektrum. Eine strategische politische Arbeit, die Zusammenarbeit mit West-Medien oder anderen Parteien lehnte sie gänzlich ab.
295 Vgl. Neubert, Geschichte der Opposition, S. 629–632 und S. 748–751.
296 Information über eine Zusammenkunft von Mitgliedern der AL im Westberliner Abgeordnetenhaus mit Mitgliedern personeller Zusammenschlüsse in der Hauptstadt der DDR, Berlin, 27.07.1989, BStU, MfS, ZAIG, Nr. 6033, Bl. 3.
297 AvB, Plenarprotokoll 11/15, 12.10.1989, Aussprache zum Antrag der Fraktion der REP auf Annahme einer Entschließung zum 40. Jahrestag des Bestehens der »DDR«, S. 636; vgl. auch S. 637, B.
298 Vgl. ebd., S. 635–637, hier Einwurf Jürgen Adler, S. 637, A.
299 AvB, Plenarprotokoll 11/27, 22.03.1990, Antrag der Fraktion der AL und der Fraktion der SPD über Dialog mit dem Berliner Runden Tisch, S. 1397, C.
300 Vereinzelt verwies die CDU auf Aussagen der SDP, die die Einheit befürworteten. Ansonsten wurde jedoch von der DDR-Opposition gesprochen, als handle es sich um eine Bewegung mit identischen Zielen. Dem war jedoch besonders hinsichtlich der deut-

schen Frage nicht so. Vgl. Timmer, Vom Aufbruch zum Umbruch, S. 332–349; Andreas H. Apelt, Sozialismus contra Wiedervereinigung? Die DDR-Opposition und die deutsche Frage, in: Eckart Conze/Katharina Gajdukowa/Sigrid Koch-Baumgarten (Hrsg.), Die demokratische Revolution 1989 in der DDR, Köln/Weimar/Wien 2009, S. 138–153. Am anschaulichsten für die Vorbehalte ist die Bezeichnung der Ausreisebewegung als »Schlaraffenland-Bewegung« durch die *Umweltbibliothek*. Vgl. Neubert, Geschichte der Opposition, S. 673.

301 Redebeitrag Uwe Lehmann-Brauns: »Und wer die Bilder von den Demonstrationen am Montag gesehen hat – auch hier in Zeitungen abgebildet – : Da konnten Sie Transparente sehen: Von Einheit bis Wiedervereinigung (...).« AvB, Plenarprotokoll 11/18, 16.11.1989, Aktuelle Stunde zum Thema »Berlin – eine Stadt der deutsch-deutschen Begegnungen«, S. 839, D.

302 Vgl. Timmer, Vom Aufbruch zum Umbruch; Steve Pfaff, Exit-voice dynamics and the collapse of East Germany. The crisis of Leninism and the revolution of 1989, Durham 2006; Neubert, Geschichte der Opposition.

303 Ralf Hirsch war bereits vor seiner Ausweisung mit dem Mitglied des Abgeordnetenhauses und ehemaligen Senator für Gesundheit und Soziales, Ulf Fink (CDU), befreundet. Auf Bundesebene wertet er als wichtige Unterstützer Gert Weisskirchen (SPD), Stephan Eisel (stellv. Leiter des Kanzleramtsbüros), Eduard Lintner (CDU), Petra Kelly, Gert Bastian und Lukas Beckmann (Die Grünen). Interview mit Ralf Hirsch, 26.08.2010.

304 Vgl. Interview mit Ralf Hirsch, 26.08.2010.

305 Vgl. ebd.; Kowalczuk, Endspiel, S. 247–253; Ehrhart Neubert, Geschichte der Opposition in der DDR 1949–1989, 2. durchgesehene und erweiterte sowie korrigierte Auflage, Bonn 2000, S. 637–643, 716–717, 768–770.

306 Hubertus Knabe, Die DDR-Opposition und ihre westdeutschen Unterstützer, in: Hans-Joachim Veen/Ulrich Mählert/Peter März (Hrsg.), Wechselwirkungen Ost-West. Dissidenz, Opposition und Zivilgesellschaft 1975–1989, Köln/Weimar/Wien 2007, S. 111–115.

307 Auch Manfred Gehrmann behandelt diesen Aspekt nur am Rande: ders., Die Überwindung des »Eisernen Vorhangs«. Die Abwanderung aus der DDR in die BRD und nach West-Berlin als innerdeutsches Migranten-Netzwerk, Berlin 2009. Der umfangreichste Überblick zum Forschungsstand berührt dieses wichtige Thema nicht einmal: Rainer Eppelmann/Bernd Faulenbach/Ulrich Mählert (Hrsg.), Bilanz und Perspektiven der DDR-Forschung, Paderborn 2003.

308 Interview mit Ralf Hirsch, 26.08.2010.

309 Interview mit Ralf Hirsch, 26.08.2010.

310 Neubert, Geschichte der Opposition, S. 716.

311 Neubert, Geschichte der Opposition, S. 484.

312 Am 25. Oktober 1987 führte dies auf dem ersten Regionaltreffen der Basisgruppen von Berlin und Brandenburg zum Eklat, nachdem sich die Umweltbibliothek, der Friedrichsfelder Friedenskreis, die Gegenstimmen und die Kirche von Unten in einer Erklärung von dem Gespräch Eppelmanns mit Bundestagsmitglieder der CDU und CDU distanzierten. Vgl. Ilko-Sascha Kowalczuk, Endspiel, S. 250f.; »Sprache muß im Denken korrigiert werden«, Erich Rathfelder im Interview mit Rainer Eppelmann, in:

taz, 14.10.1987, S. 7; Neubert, Geschichte der Opposition, S. 730–732. Diesen Konflikt bestätigte auch Ralf Hirsch im Gespräch.

313 Neubert, Geschichte der Opposition, S. 732.

314 Guntolf Herzberg/Freya Klier/Lotte Templin, taz Berlin, 10.10.1989, S. 17.

315 Petra Bornhöft, Ein »Neues Forum West« wird es nicht geben, in: taz, 13.10.1989, S. 4.

316 Vgl. Jürgen Fuchs, Einreise beantragt, in: taz, 17.10.1989, S. 8; Interview mit Freya Klier, In die Zukunft denken, in: taz, 14.10.1989, S. 7.

317 Vgl. Wolfgang Rüddenklau, Die westdeutsche Linke und die DDR-Opposition, in: telegraph 4/1994.

318 Vgl. Apelt, Die Opposition in der DDR und die deutsche Frage, S. 109–110.

319 Kowalczuk, Endspiel, S. 248f.; Neubert, Geschichte der Opposition, S. 482. Ralf Hirsch empfand die Konzentration an DDR-Bürgern in Kreuzberg als so hoch, dass er absichtlich nach Steglitz zog, weil er »nicht jeden Tag DDR-Bürgern über den Weg laufen« wollte. Vgl. Interview mit Ralf Hirsch, 26.08.2010.

320 Lutz Ehrlich/Suse Riedel, Neues aus der Friedrichstraße, in: taz, 20.10.1989, Teil 8, S. 21.

321 Der Aufsteiger, in: B.Z., 19.10.1989, S. 47.

322 Momper, Grenzfall, S. 101–106, hier S. 103; Schröder, Von Politik und dummen Fragen, S. 140–142.

323 Momper, Grenzfall, S. 104.

324 Schröder, Von Politik und dummen Fragen, S. 141.

325 Bericht über die Unterredung des Genossen Walter Müller mit dem Beauftragten des Senats von Berlin (West), Senatsdirigent Gerhard Kunze, 03.11.1989, BStU, MfS, Sekretariat Neiber, Nr. 144, Bl. 168–176, hier Bl. 169.

326 Ebd., Bl. 171.

327 Beschluss zur »Einsetzung einer Projektgruppe zur Vorbereitung auf einen verstärkten Besucher- und Reiseverkehr aus Ost-Berlin und aus der DDR«, 31.10.1989, LArch D Rep. 500 Nr. 1, S. 1.

328 Zu erwartende Reisefreiheit für DDR-Bewohner, 31.10.1989, LArch D Rep. 500, Nr. 1, S. 1. Dieter Schröder begründet dies damit, dass man die DDR-Bürger nicht wie »Notfälle« behandeln wollte. Walter Momper hingegen nennt den Wunsch nach einer ruhigen Stimmung in West-Berlin als ausschlaggebend. Momper, Grenzfall, S. 106–107; Schröder, Von Politik und dummen Fragen, S. 143.

329 Zu erwartende Reisefreiheit für DDR-Bewohner, 31.10.1989, LArch D Rep. 500, Nr. 1.

330 Telefax der Senatskanzlei an den Bundeskanzler, LArch B Rep. 002, Nr. 23021, 06.11.1989.

331 Vgl. Momper, Grenzfall, S. 111.

332 Protokoll der zweiten Sitzung der Projektgruppe zur Vorbereitung auf einen verstärkten Besucher- und Reiseverkehr aus Ost-Berlin und aus der DDR, 08.11.1989 LArch B Rep. 002, Nr. 23021, Bl. 113–115.

333 So z.B. bei Johannes Gernert, Die Planung des Mauerfalls, in: taz, 02.10.2009, S. 17 und 20–21. Ralf Hirsch, der am 08.11.1989 in die Vorbereitungen einbezogen wurde, erinnert sich: »Alles spontan, da gab es keine Schublade, was machen wir, wenn hier 50.000 vor der Tür stehen oder 100.000. Diese Vorbereitungen gab es in West-Berlin

nicht und die gab es in Bonn nicht, weil mit dieser Situation keiner gerechnet hat. (...) Diese radikale Naivität hat mich erstaunt.« Interview mit Ralf Hirsch, 26.08.2010.

334 Vgl. Protokoll über die Sondersitzung des Senats, 09.11.1989, 22.10 bis 23.40 Uhr, LArch B Rep. 002, Nr. 23021.

335 Vgl. Berichte der Grenzübergangsstellen, 10.11.1989, 4.00 Uhr, BStU, MfS, Arbeitsbereich Neiber, Nr. 376, Bl. 47–56; Information des Präsidiums der Volkspolizei, Betreff: Lage an der Staatsgrenze, 10.11.1989, BStU, MfS, BV Berlin, Abt. AKG, Nr. 20, Bl. 27.

336 BStU, MfS, Arbeitsbereich Neiber, Nr. 376, Bl. 55; Vgl. Momper, Grenzfall, S. 144ff.

337 »Laßt die Leute raus«, in: Der Spiegel, 46/1989, 13.11.1989, S. 28-30; Momper, Grenzfall, S. 147.

338 Bericht von Horst Reimann, Sondersendung »Offene Grenze« der Berliner Abendschau vom Morgen des 10.11.1989.

339 BStU, MfS, BV Berlin, Abt. AKG, Nr. 20, Bl. 28.

340 B.Z., 10.11.1989, Titelseite.

341 Der BZ-Kommentar, in B.Z., 04.11.1989, S. 9

342 Vgl. Hertle, Chronik des Mauerfalls, S. 89–92, S. 100ff.

343 B.Z., 06.11.1989, Titelseite.

344 Vgl. Alles was wir so gern mal wollen: (...), in: B.Z., 07.11.1989, S. 2; Die vielen Fallstricke im neuen »Reisegesetz«, in: ebd., S. 3.

345 »Momper: Die DDR-Führung hat die Chance vertan, das Mißtrauen zu durchbrechen.«, B.Z., 07.11.1989, S. 3.

346 »Alles überlegt: Wie erleichtern wir unseren Landsleute den Aufenthalt bei uns?«, B.Z., 31.10.1989, S. 22.

347 Bruno Waltert, Wenn sie reisen dürfen, Berliner Morgenpost, 01.11.1989, S. 2.

348 Brigitte Fehrle, Als ob die Mauer Geschichte sei, taz, 01.11.1989, S. 5.

349 Krenz beharrt nach Gorbatschow-Besuch darauf: Die Mauer bleibt, B.Z., 02.11.1989, S. 73

350 Otto Jörg Weis, Begeistert bis abwehrend, vor allem aber ratlos, Frankfurter Rundschau, 07.11.1989.

351 Rüdiger Scharf, Senator will Kudamm für Autos sperren, Berliner Morgenpost, 09.11.1989.

352 Das MfS schätzte die Gesamtzahl der nach West-Berlin Einreisenden für diese Nacht auf ca. 68.000 und listete 45.000 Rückkehrer auf. BStU, MfS, Arbeitsbereich Neiber, Nr. 376, Bl. 47–57.

353 Vgl. Tabelle 2 im Anhang. Ergebnis der Auswertung der Listen des MfS: BStU, MfS, HA VI, Nr. 10471, Bl. 43–62. Hier variieren die Zahlen des MfS – dies ist dem Umstand geschuldet, ob die Einreisenden aus Potsdam mitgezählt wurden oder ob nur die innerstädtischen Grenzübergänge berücksichtigt wurden. Die hier genannte Zahl beinhaltet auch die aus Potsdam Kommenden.

354 Vgl. Tabelle 3 im Anhang.

355 Vgl. Im Brennpunkt, SFB/ARD, 10.11.1989, ab 10 Uhr.

356 Dokumentation der ersten Tage nach der Grenzöffnung, in: B.Z., 11.11.1989, S. 2–12.

357 Betreff: Aktuelle Lage, 10.11.1989, LArch B Rep. 002, Nr. 23021, Bl. 97–98.

358 Gespräch Schröder mit den alliierten Gesandten, 10.11.1989, LArch B Rep. 002, Nr. 23021, Bl. 103f.

359 Lageentwicklung am Brandenburger Tor, BStU, MfS, Sekretariat Neiber, Nr. 510, Bl. 115–117.
360 Information des Präsidiums der Volkspolizei Berlin, 11.11.1989, Betreff: Gewährleistung der öffentlichen Ordnung und Sicherheit in der Hauptstadt, BStU, MfS, BV Berlin, Abt. AKG, Nr. 20, Bl. 22–25.
361 Protokoll des Gesprächs zwischen Oberst Leo und Polizeipräsident Schertz, GÜSt Friedrich-/Zimmerstraße (Beratungsraum), 11.11.1989, 14.00 bis 15.00 Uhr, BStU, MfS, Sekretariat Neiber, Nr. 874, Bl. 36–39.
362 Information über das Gespräch einer Arbeitsgruppe im Polizeipräsidium West-Berlin, BStU, MfS, Sekretariat Neiber, Nr. 874, Bl. 46–48.
363 Protokoll über die Sondersitzung des Rats der Bürgermeister unter Beteiligung der Bezirksstadträte für Sozialwesen, 10.11.1989, 13.10 Uhr, LArch B Rep. 002, Nr. 23021, Bl. 106ff.
364 Bundesrat, Plenarprotokoll 11/606, Zur Öffnung der innerdeutschen Grenze, 10.11.1989, S. 453 A–B.
365 AvB, Plenarprotokoll 11/27, 22.03.1989, Aktuelle Stunde zum Thema »Nach der Wahl in der DDR – die Rolle Berlins als Hauptstadt«, S. 780–787.
366 Rott, Die Insel, S. 417.
367 Momper, Grenzfall, S. 165.
368 Interview mit Ralf Hirsch, 26.08.2010.
369 Kai Diekmann/Ralf Georg Reuth, Helmut Kohl: »Ich wollte Deutschlands Einheit«, 2. Aufl., Berlin 1996, S. 131.
370 Telefongespräch Kohl-Bush, 10.11.1989, Dok. 82, Sondered. BKAmt 1989/90, S. 507–508, hier S. 508.
371 Redebeitrag Landowsky, AvB, Plenarprotokoll 11/18, 16.11.1989, S. 839, C.
372 Um 18.20 Uhr startete der Marsch, um 18.40 Uhr begannen die Reden vor der Gedächtniskirche. Vgl. Lageberichte des Innensenators vom 10. und 11.11.1989, LArch B Rep. 002 Nr. 23021.
373 Momper, Grenzfall, S. 165.
374 AvB, Plenarprotokoll 11/18, 16.11.1989, Aktuelle Stunde zum Thema »Berlin – eine Stadt der deutsch-deutschen Begegnungen«, S. 797f.
375 Die Rede Willy Brandts findet sich in: ders., »… was zusammen gehört«. Über Deutschland, Bonn 1993, S. 33–38.
376 Die Rede Hans-Dietrich Genscher findet sich in: ders., Unterwegs zur Einheit. Reden und Dokumente aus bewegter Zeit, Berlin 1991, S. 228–230.
377 Kohl hätte sich entschuldigen müssen; in: Der Spiegel, 46/1986, S. 28–30.
378 Walter Momper erinnert sich, dass Anwesende »Annaberg« und »Bitburg, Bitburg« riefen. ders., Grenzfall, S. 165.
379 SED bei freien Wahlen ohne Chance?, in: Der Spiegel, 48/1989, S. 62–67.
380 Krijn Thijs, Der Mauerfall und das verlorene West-Berlin, S. 4.
381 Vgl. Im Brennpunkt, ARD/SFB, 10.11.1989, ab 10 Uhr.
382 Wollankstraße (seit 13.11.), Bornholmer Straße, Eberswalder Straße/Bernauer Straße (seit 11.11.), Chausseestraße, Invalidenstraße, Potsdamer Platz (seit 12.11.), Friedrichstraße/Zimmerstraße, Bahnhof Friedrichstraße, Bahnhof Jannowitzbrücke (seit 11.11.), Potsdamer Platz, Heinrich-Heine-Straße, Oberbaumbrücke, Puschkinallee

(seit 11.11.), Sonnenallee, Stubenrauchstraße/Johannisthal (seit 14.11.), Rudower Chaussee. Über Potsdam: Drewitz, Stolpe, Falkensee (seit 13.11.), Staaken, Glienicker Brücke (seit 10.11.), Mahlow (seit 10.11.), Teltow (seit 14.11.). Hinzu kommen die Übergänge im Eisenbahn- und Flugverkehr.

383 Vgl. Verordnung über Einreisen von Bürgern der Bundesrepublik Deutschland und Personen mit ständigem Wohnsitz in Berlin (West) in die Deutsche Demokratische Republik, BArch, DC 20/ II 3/2875, Bl. 4–10.

384 AvB, Plenarprotokoll 11/18, 16.11.1989, Erklärung des Regierenden Bürgermeisters über »Berlin vor neuen Aufgaben«, S. 822–839.

385 Regierungserklärung Momper, ebd., S. 823, B.

386 Redebeitrag Diepgen, ebd., S. 826, A–C.

387 Vgl. die Redebeiträge von Momper, ebd., S. 820; Staffelt, ebd., S. 829; Bischoff-Pflanz, ebd., S. 832; Albert Statz, ebd., S. 836.

388 Axel Hacke, Wenn die Stadt zum Kaufhaus des Ostens wird, SZ, 24.11.1989, in: ebd., S. 1087.

389 Zwei Staaten, eine Stadt, in: Der Spiegel, 52/1989, S. 25–29, hier S. 26.

390 Karl-Heinz Krüger, »Metropole des Ostens«, in: Der Spiegel, 52/89, S. 30–41.

391 Mauern – nein danke, in: Frankfurter Rundschau, 28.11.1989, in: ebd., S. 1102; Volker Zastrow, Wann wacht Dornröschen auf?, in: Die Welt, 16.02.1990, Online Archiv, URL: http://www.zeit.de/1990/08/wann-war-wacht-dornroeschen-auf [13.02.2012].

392 Albrecht Roeseler, Berlins neue kulturelle Normalität, in: SZ, 16.12.1989, in: Presse- und Informationsamt, Deutschland 1989, S. 1156.

393 Zwei Staaten, eine Stadt, in: Der Spiegel, 52/1989, in: ebd., S. 1066.

394 Wolfgang Fietkau, Fast wie eine Stunde Null, in: Deutsches Allgemeines Sonntagsblatt, in: ebd., S. 1092.

395 Zwei Staaten, eine Stadt, in: Der Spiegel, 52/1989, in: ebd., S. 1066.

396 Harald Wolf, Umbruch in der DDR. Im Westen nichts Neues?, in: Stachel, Sonderausgabe, 11/1989, S. 1. Diesen Ausspruch zitierte auch eine Einladung der AL vom 16.11.1989, Vgl. BStU, MfS, HV A, 1548.

397 Ebd., S. 2.

398 Karl Schlögel, Stadtwerdung in Mitteleuropa, in: taz, 06.12.1989, S. 11–12.

399 Peter Schneider, »Es riecht nach östlichem Elend«, in: taz, 22.01.1990, S. 10.

400 Zusammenarbeit zwischen dem Magistrat von Berlin und dem Senat von Berlin (West), 19.12.1989, LArch C Rep. 830, Nr. 31, S. 1.

401 Vorstellungen der Abteilung Volksbildung des Magistrats für eine Zusammenarbeit mit dem Senat für Schule, Berufsausbildung und Sport von Berlin (West), 05.12.1989, LArch, C Rep. 122, Nr. 478.

402 Information über das Gespräch zwischen dem Senator für Arbeit, Verkehr und Betriebe, Herrn Wagner, und dem Stellvertreter des OB für Verkehrs- und Nachrichtenwesen, Genossen Manow, 06.12.1989, LArch, C Rep. 122, Nr. 478.

403 Brief Christian Hartenhauer (Abt. Kultur) an Erhard Krack, 07.12.1989, LArch, C Rep. 122, Nr. 478.

404 Vermerk über ein Gespräch des Stadtrates für Kultur von Berlin mit Vertretern des Westberliner Senats über Möglichkeiten der Zusammenarbeit auf kulturellem Gebiet, 11.12.1989, LArch, C Rep. 122, Nr. 478.

405 Information zur Beratung von Grundfragen gegenseitigen Interesses zwischen dem Stadtrat Jugendfragen, dem Stadtrat Bildung beim Magistrat von Berlin und der Senatorin für Frauen, Jugend und Familie, 21.12.1989, LArch, C Rep. 122, Nr. 478.
406 Zur sichtbaren Politik und zur Bedeutung von Bildern für die Wirkung symbolischer Akte siehe Derix, Bebilderte Politik, S. 9–29.
407 Vgl. Das alte Herz Berlins schlägt wieder, in: B.Z., 13.11.1989, S. 39.
408 Vgl. ARD, Tagesschau, 22.12.1989; ZDF, Heute, 22.12.1989.
409 Gustav Seibt, Das Brandenburger Tor, in: Etienne François/Hagen Schulze (Hrsg.), Deutsche Erinnerungsorte, Bd. 2, 3. Aufl., München 2003, S. 67–85.
410 Antje Bauer, Deutsche von Drüben zum Umarmen finden, in: taz, 02.01.1990, S. 5; DPA, Tod unter dem Brandenburger Tor, in: taz, 02.01.1990, S. 21.
411 Claus Christian Malzahn, Ereignisdruck, in: taz Berlin, 02.01.1990, S. 21.
412 Ebd.; Kordula Doerfler, Silvester am Tor, in: taz, 02.01.1990, S. 22.; »Die Veranstaltung hatte keinen Veranstalter«, in: taz Berlin, 03.01.1990, S. 22.
413 Kordula Doerfler, Silvester am Tor, S. 22.
414 Brandenburger Tor: Die Kletter-Katastrophe, in: B.Z., 02.01.1990, Titelseite; Die schöne Nacht, die traurige Nacht, in: ebd., S. 10.
415 »Zu viele Menschen zum Brandenburger Tor gelassen«, in: Der Tagesspiegel, 03.01.1990, S. 12.
416 Sekt aus dem Kofferraum und Feuerräder über den Köpfen, in: Der Tagesspiegel, 03.01.1990, S. 12.
417 Kordula Doerfler, Lager Marienfelde: Versuche, das Chaos zu verwalten, in: taz Berlin, 11.11.1989, S. 3; DPA, Trendwende, in: taz Berlin, 15.11.1989, S. 15; Die klappen uns weg, in: Der Spiegel, 8/1990, S. 34–37; Wieso kommen die noch?, in: Der Spiegel, 8/1990, S. 29–32.
418 AvB, Plenarprotokoll 11/23, Große Anfrage der Fraktion der SPD und der Fraktion der AL über Obdachlosigkeit, S. 1179; A. Böhm, Übersiedler aus dem Fernen Osten, in: taz, 03.01.1990, S. 6;
419 Anne Köhler, Ist die Übersiedlerwelle noch zu stoppen?, in: DA, 23 (1990) 3, S. 430–431.
420 Umfrage zu Übersiedler, in: taz Berlin, 19.01.1990, S. 22.
421 Elisabeth Noelle-Neumann/Renate Köcher (Hrsg.), Allensbacher Jahrbuch der Demoskopie 1984–1992, S. 422f.
422 Anne Köhler, Ist die Übersiedlerwelle noch zu stoppen?, in: DA, 22 (1989) 11, S, 427.
423 AvB, Drucksache 11/828, Antwort auf die Kleine Anfrage Nr. 1135, S. 25–26.
424 AvB, Antwort (Schlußbericht) auf die Kleine Anfrage Nr. 1350, 11/1037, S. 9–10.
425 Studieren im Westen – wohnen im Osten? in: taz Berlin, 22.12.1989, S. 22; DPA, Die Ost-Jobber kommen, in: taz Berlin, 15.02.1990, S. 32.
426 Vgl. Ein Staatenbund? Ein Bundesstaat?, in: Der Spiegel, 49/1989, S. 24–29.
427 Vgl. DPA, Gegen Schwarzarbeit, in: taz Berlin, 22.12.1989, S. 24; DPA, Das Pendler-Problem hat »derzeit noch keine Bedeutung«, in: taz Berlin, 29.01.1990, S. 22; Sozialausgleichsstelle Ost, in: Der Tagesspiegel, 01.12.1989, Deutschland 1989, S. 1111; Anita Kugler, Mit dem Nahverkehrszug auf den grauen Markt, in: taz Berlin, 24.01.1990, S. 3.
428 Gespräch Kohl-Momper, 01.12.1989, Sondered. BKAmt 1989/90, S. 578–586.

429 Neid und Mißgunst, in: Der Spiegel, 46/1989, S. 61.

430 Gespräch Kohl-Momper, 01.12.1989, Sondered. BKAmt 1989/90. Wolfgang Schäuble betonte: »Er sehe das Problem, er appelliere aber an Berlin nachdrücklich, darüber nicht zuviel öffentlich zu reden. (...) Die Integration der Aus- und Übersiedler sei schon schwer genug.« (S. 582). Norbert Blüm stimmte zu: »Die bestehenden Probleme sollten aber nicht öffentlich diskutiert werden.« (S. 586).

431 Vgl. »Wir segeln übern Müggelsee«, in: Der Spiegel, 52/1989, S. 43–48; Gespräch des Bundesministers Seiters mit dem Staatsratsvorsitzenden Krenz und Ministerpräsident Modrow, 20.11.1989, Dokument Nr. 96, in: Sondered. BKAmt 1989/90, S. 556ff.

432 Information über Vorstellungen des Westberliner Senats zur Überwindung von Problemen im Zusammenhang mit dem Besucher- und Reiseverkehr aus der DDR, BStU, MfS, ZAIG, Nr. 8429, Bl. 1–3.

433 Letztmeldung: Die Mauer kommt weg! in: taz Berlin, 17.02.1990, S. 1. Zu den Diskussionen um den Abriss der Berliner Mauer ausführlich: Gerhard Sälter, Das Verschwinden der Berliner Mauer, in: Henke, Revolution und Vereinigung, S. 353–362.

434 Vgl. Information über konzeptionelle Vorstellungen in der BRD und Westberlin zur Entwicklung der Beziehungen mit der DDR, 22.11.1989, BStU, MfS, ZAIG, Nr. 5758, Bl. 9–12.

435 Vgl. Kriminelle Organisation, in: Der Spiegel, 51/1989, S. 30–32.

436 Ebd.; Klaus Hartung, Kleines Zwei-Mächte-Abkommen, in: taz Berlin, 06.12.1989, S. 15.

437 Ministerrat der DDR, Beschluß über Maßnahmen in Auswertung der Unterredung des Vorsitzenden des Ministerrats der DDR, Hans Modrow, mit dem Regierenden Bürgermeister von Berlin (West), Walter Momper, am 12. Dezember 1989, BArch, DC 20-I/3/288, Bd. 1, Bl. 64–71.

438 Zusammenarbeit zwischen dem Magistrat von Berlin und dem Senat von Berlin (West), 19.12.1989, LArch C Rep. 830, Nr. 31, S. 2.

439 Besonders anschaulich belegt dies die dreiseitige Liste, auf welchen Gebieten eine Zusammenarbeit geschaffen werden sollte. Vgl. Zusammenarbeit zwischen dem Magistrat von Berlin und dem Senat von Berlin (West), 19.12.1989, LArch C Rep. 830, Nr. 31, S. 3–6.

440 Information für die Mitglieder des Magistrats von Berlin. Konstituierende Sitzung des Regionalausschusses am 22. Dezember 1989 im Rathaus Schöneberg, LArch C Rep. 830, Nr. 31.

441 Entwurf: Verfahrensgrundsätze für den Provisorischen Regionalausschuss Berlin, LArch C Rep. 122, Nr. 471; Information für die Mitglieder des Magistrats von Berlin, 28.12.1989, LArch C Rep. 830, Nr. 31. Arbeitsgruppen: 1) Allgemeine Frage, 2) Gesundheit und Soziales, 3) Kinder, Jugend und Familie, 4) Frauenfragen, 5) Kultur, 6) Volksbildung, 7) Wissenschaft und Forschung, 8) Öffentliche Sicherheit, 9) Stadtentwicklung und -erhaltung, 10) Bau- und Wohnungswesen, 11) Umweltschutz, Ver- und Entsorgung, 12) Verkehr, 13) Wirtschaft, Arbeit und Berufsausbildung, 14) Tourismus, 15) Sport.

442 Senatsverwaltung für Inneres/Magistratsverwaltung für Inneres: Handlungsrahmen für die Zusammenführung der Berliner Verwaltung, 14.09.1990, in: LArch C Rep. 101, Nr. 2270.

443 Unzählige Belege finden sich in LArch C Rep. 122 Nr. 470–475.

444 Hirsch erinnert sich: »Stasi-Zentralen-Besetzung. Werde ich nie vergessen. Da hat er [Momper, S.E.] gesagt: Ach du Scheiße, die stürmen die Stasi-Zentrale! Das lässt sich die Stasi nicht gefallen! Ralf, fahr vor Ort, guck was da los ist. Dann waren wir ständig in Funkkontakt. (...) Keiner wußte ja: Wie reagieren die denn darauf? (...) Also, da gab es richtig Ängste. Und dann natürlich auch die Angst: Dann kann auch alles kippen! Also, wenn da erst Schüsse fallen, egal wo.« Interview mit Ralf Hirsch, 26.08.2010. Auch die Rede Hans Modrows vor der Volkskammer am 29.01.1990 spiegelt die Lage. Vgl. Stenograf. Niederschrift der 15. Tagung der Volkskammer der DDR, 9. Wahlperiode, 29.01.1190, S. 2–3.

445 Vgl. Kowalczuk, Endspiel, S. 500–520.

446 »Die Angst-Kampagne soll alle mundtot machen«, in: B.Z., 05.01.1990, Titelseite.

447 Stoppt die SED!, in: B.Z., 05.01.1990, S. 16.

448 Die Lage in der DDR, in: Der Tagesspiegel, 07.01.1990, Titelseite.

449 B.Z., 06.01.1990, Titelseite.

450 Vgl. auch B.Z. vom Vortag: Stoppt die SED!, in: B.Z., 05.01.1990, S. 16; Demokratischer Aufbruch vor der Spaltung?, in: ebd.; Darum darf es keine Forum-Partei geben, in: ebd.; West-Politiker über die Entwicklung in der DDR besorgt, in: B.Z., 06.01.1990, S. 15; Die Lage in der DDR, in: Der Tagesspiegel, 07.01.1990, Titelseite.

451 Zitiert aus einem Kommentar der Zeitung Die Welt, in: B.Z., 06.01.1990, Titelseite.

452 Die Lage in der DDR, in: Der Tagesspiegel, 07.01.1990, Titelseite.

453 Hickhack im Neuen Forum, in: taz, 29.01.1990, S. 1.

454 Vgl. Mauer begrünen?, in: taz Berlin, 12.01.1990, S. 28; Eva Schweitzer, Legales Hausbesetzen, in: taz Berlin, 18.01.1990, S. 28; Ost-West-Austausch: Ende der Einbahnstraße, in: taz Berlin, 18.01.1990, S. 23; Anita Kugler, Rettung für die »Romantik der Unterwelt«, in: taz Berlin, 23.01.1990, S. 28.

455 Vgl. Tobias Wagner, Einmal »Dirty Dancing« mit Hund, in: taz Berlin, 20.01.1990, S. 36; Mit fünf Mark pro Stunde nach Paris, in: taz Berlin, 18.01.1990, S. 28.

456 Ute Scheub, Melancholie, in: taz, 24.01.1990, S. 10.

457 So zum Beispiel: Rainer Schedlinksi, Die schöne Phase der Revolution ist vorbei, in: taz, 10.01.1990, S. 10; Jens Reich, Die Sturm- und Drangzeit ist vorbei, in: taz, 29.01.1990, S. 10.

458 Berliner Aufruf, in: taz Berlin, 15.03.1990, S. 23. Im Interview äußerte einer der Initiatoren, der ehemalige RAF-Anwalt und spätere Inoffizielle Mitarbeiter des MfS, Klaus Croissant, man sei nicht prinzipiell gegen die Einheit, wolle aber Errungenschaften der DDR wie »das Verbot militaristischer, revanchistischer und faschistischer Propaganda« retten. »Wir halten am Sozialismus fest«, in: taz Berlin, 15.03.1990, S. 23.

459 »Staatsstreich«-Telegramm ist echt!, in: B.Z., 09.01.1990, Titelseite. »AfNS« war die neue Bezeichnung des einstigen MfS und stand für »Amt für Nationale Sicherheit«. Die Änderung war am 17.11.1989 von der Volkskammer beschlossen worden.

460 Der Krach am Runden Tisch um die Stasi-Waffen (...), in: B.Z., 06.01.1990, S. 16; Gespräche am Runden Tisch vertagt, in: Der Tagesspiegel, 09.01.1990, S. 6.

461 Zehntausende demonstrierten gegen geplante Sicherheitsdienste, in: Der Tagesspiegel, 12.01.1990, Titelseite.

462 3 gute und 2 schlechte Nachrichten, in: B.Z., 13.01.1990, Titelseite.
463 Großes Staunen beim Sturm auf das Stasi-Hauptquartier: Hier gibt es Sachen, die ich in unseren Läden noch nie gesehen haben!, in: B.Z., 16.01.1990, S. 10–11; Der Sturm auf die Stasi-Zentrale, 06.01.1990, Titelseite.
464 Tausende stürmten die Zentrale des SSD in Ost-Berlin, in: Der Tagesspiegel, 16.01.1990, Titelseite; Die Demonstrationen in der DDR, in: ebd., S. 8; »Ich denke, das ist hier geschlossen«, in: ebd., S. 8. Die Zeitung nennt im Gegensatz zur B.Z. nur »Tausende« Demonstranten und keine 100.000.
465 Ostberliner Stasi-Zentrale gestürmt, in: taz, 16.01.1990, S. 1–2; Stasi – »Schnüffeln macht süchtig«, in: taz Berlin, 16.01.1990, S. 21; David Crawford, Überall Papierschnitzel, in: taz, 17.01.1990, S. 6.
466 Interview mit Ralf Hirsch, 26.08.2010.
467 Wahr und unwahr, in: Der Spiegel, 23/1989, S. 26.
468 Vgl. AvB, Plenarprotokoll 11/8, 01.06.1989, S. 264, A–D.
469 Informationen von Senatsdirigent Kunze, 07.04.1989, PA AA, Referat 210, ZA 140.751 E, S. 2.
470 Das ZK der SED hatte am 5. April 1989 eine Einladung Mompers durch Krack bestätigt, sowohl das MfAA als auch Honecker waren über den geplanten Besuch informiert. Momper hatte die offizielle Einladung jedoch abgesagt. BStU, MfS, Rechtsstelle, Nr. 391, Bl. 55–56.
471 Vermerk zum Antrittsbesuche von Rbm Momper bei Botschaftern der drei Mächte, 03.04.1989, PA AA, Referat 210, ZA 140.751 E, S. 1.
472 Zit. n. Kunze, Grenzerfahrungen, S. 301.
473 Lieselotte Berger verstarb während ihrer Amtszeit am 26.09.1989. Erst einen Monat später wurde ihr Nachfolger benannt: Günter Straßmeir von der Berliner CDU.
474 »Sie [die Alliierten, S.E.] haben zu erkennen gegeben, daß sie sich darauf vorbereiten, die Bundesregierung bald an ihre diesbezüglichen Verpflichtungen aus der Erklärung über Hilfeleistung für Berlin, die seit dem 5. Mai 1955 gilt, zu erinnern.« LArch B Rep. 002, Nr. 23021, S. 3.
475 Vermerk. Betreff: Auswirkungen des 9. November auf die Lage in und um Berlin, 24.11.1989, PA AA, Referat 210, ZA 140.685 E, S. 1v5, hier S. 5.
476 Gespräch Kohl-Momper, 01.12.1989, Sondered. BKAmt 1989/90, S. 578ff.
477 Nachtrag zum Bundeshaushalt 1990, Dokument Nr. 165A, in: ebd., S. 768.
478 Gespräch Kohl-Momper, 01.12.1989, Sondered. BKAmt 1989/90, S. 582.
479 Krack trat am 27.02.1990 zurück, sein Nachfolger war zunächst Christian Hartenhauer (SED) und ab dem 30.05.1990 Tino Schwierzina (SPD).
480 Vgl. Die Macht liegt auf der Straße, in: Der Spiegel, 50/1989, S. 22–26; Dreck um die Ohren, in: Der Spiegel, 9/1990, S. 80–82.
481 Zur Krisensituation ausführlich: Schröder, Die Herausforderung der Einheit in Berlin, S. 356–358.
482 Gespräch Kohl-Momper, 01.12.1989, Sondered. BKAmt 1989/90, S. 887.
483 Ein OB für ganz Berlin?, in: taz Berlin, 23.02.1990, S. 28.
484 Gespräch Kohl-Gorbatschow, 10.02.1990, Dok. 174, Sondered. BKAmt 1989/90, S. 795–807, hier S. 797 und S. 799.
485 Gespräch Kohl-Momper, 01.12.1989, Sondered. BKAmt 1989/90, S. 888.

486 Vermerk: Direktwahlen und volles Stimmrecht der Berliner Bundestagsabgeordneten, 05.02.1990, PA AA, Referat 213, ZA 151.690 E.
487 Sachstand: Direktwahlen und volles Stimmrecht der Berliner Bundestagsabgeordneten, 19.01.1990, PA AA, Referat 210, B130, 13.528 E, S. 1.
488 Ebd., Anlage »Bisherige Haltung der Alliierten«, S. 1.
489 So Walter Momper in einer Regierungserklärung. Vgl. AvB, Plenarprotokoll 11/18, 16.11.1989, Erklärung des Regierenden Bürgermeisters über »Berlin vor neuen Aufgaben«, S. 822.
490 So unter anderem Klaus-Rüdiger Landowsky, ebd., S. 839.
491 AvB, Plenarprotokoll 11/8, 01.06.1989, Mündliche Anfrage über: unzulässige deutschlandpolitische Kritik am Senat, S. 265.
492 Ebd. Momper spielte hier auf die teils eigentümlichen Strategien an, die in Berlin praktiziert wurden, um Gespräche zwischen Ost und West zu ermöglichen. So waren im Vorfeld des Stadtjubiläums Türschilder ausgetauscht worden, damit eine Zusammenarbeit für beide Seiten akzeptabel war. Vgl. Stronk, Berlin in den achtziger Jahren, S. 67–95.
493 Gespräch zwischen Rettner und Ransch, Löffler, Longolius und Ristock in der Wohnung von Harry Ristock, 23.11.1989, LArch, E Rep. 300-89, Nr. 14, Nachlass Harry Ristock.
494 Vorstand der SPD (Hrsg.), Die Deutschen in Europa. Berliner Erklärung der SPD, Bonn 1989, Punkt 4.
495 Vgl. Rudolf van Hüllen, Ideologie und Machtkampf bei den Grünen, Bonn 1990, S. 360.
496 Vgl. Neubert, Geschichte der Opposition, S. 482.
497 Ebd., S. 189ff.; Hubert Kleinert, Aufstieg und Fall der Grünen. Analyse einer alternativen Partei, Bonn 1992, S. 133–141. »Eine Gruppe des Linken Forums begann sich ab 1988 um Harald Wolf zu formieren, in dieser Zeit wuchs auch der Einfluß der ›ÖkosozialisInnen in der AL‹ und im Dezember 1988 gründeten Bernd Köppl u.a. die realpolitische Strömung unter dem Namen ›Grüne Panther auf dem Sprung‹.« Heinrich, Rot-Grün in Berlin 1989–1990, in: ebd., S. 810, Anm. 114; Vgl., Raschke, Die Grünen, S. 282.
498 In einem als »Minderheitsmeinung« gekennzeichneten Kapitel des Wahlprogramms von 1985 forderten Vertreter den Rückzug der Alliierten und einen Friedensvertrag für ein paktfreies, entmilitarisiertes Deutschland, dem folgend dann die Menschen in beiden Teilen frei entscheiden könnten, ob sie eine Vereinigung, eine Konföderation oder die weitere Teilung wünschen. Vgl. Wahlprogramm der Alternativen Liste, 1985, AGG, Grün 044BE-2a, S. 320ff.
499 Hier unterschieden sich zunehmend die Positionen der »Realos« und »Fundis«, Vgl. Kleinert, Aufstieg und Fall der Grünen, S. 55.
500 Zur Formulierung »Strafe für Auschwitz« vgl. Joschka Fischer, Jenseits von Mauer und Wiedervereinigung, in: taz, 16.11.1989, S. 12–13; Gerd Nowakowski, »Zukunft gestalten, nicht vereinnahmen«, in: taz, 15–12.1989, S. 9; »Es ist ein anderes Leben«, in: Der Spiegel, 39/90, S. 34–61, hier S. 36.
501 Vgl. Kleinert, Aufstieg und Fall der Grünen, S. 139.
502 Wahlprogramm der Alternativen Liste, 1985, AGG, Grün 044BE-2a, S. 315 u. 316 u. 317.
503 Wahlprogramm der Alternativen Liste, 1989, AGG, Grün 044BE-12, S. 13.

504 Ebd., S. 38.
505 Broschüre »Für ein Berlin ohne Mauern in einem Deutschland ohne Panzer in einem Europa ohne Grenzen«, AGG B.II.1.2330.
506 Resolutionsentwurf für die MVV der AL am 16.12.1989, AGG B.II.1.2330.
507 Hubert Kleinert, Aufstieg und Fall der Grünen, S. 147.
508 Presseerklärung »Vertrauen in die eigene Kraft«, 08.02.1990, AGG B.II.1.2330.
509 AL-Papier, Fraktions-Klausurtagung Bad-Bevensen, 10.02.1990, AGG B.II.1.2330.
510 Kunze, Grenzerfahrungen, S. 474.
511 Information über ein Gespräch von Herbert Häber mit Eberhard Diepgen, Regierender Bürgermeister von Berlin (West), in Leipzig am 12. März 1985, in: Jürgen Nitz, Unterhändler zwischen Berlin und Bonn. Nach dem Häber-Prozeß: Zur Geschichte der deutsch-deutschen Geheimdiplomatie in den 80er Jahren, Berlin 2001, Dokument 22, S. 250.
512 Unter anderem am 11. Februar 1988. Trotz des Protestes im Westen gegen das Vorgehen der SED im Umfeld der Luxemburg-Liebknecht-Demonstration eine Woche zuvor, lobte Diepgen, dass die DDR versucht habe, »mit Besonnenheit zu handeln und Schaden zu begrenzen«. Er betonte, man solle sich bei der Zusammenarbeit nicht stören lassen von jenen, »denen diese ganze Richtung nicht paßt«. Protokolle der SED und der Senatskanzlei über das Gespräch des Regierenden Bürgermeisters Eberhard Diepgen mit Erich Honecker, abgedruckt in: Potthoff, Koalition der Vernunft, S. 697–720, hier. S. 701 und S. 714.
513 Vgl. Mompers Einheitsfahrplan, in: taz Berlin, 05.02.1990, S. 21; Presse- und Informationsamt des Landes Berlin (Hrsg.), Berlin im Wandel. August 1989 bis Oktober 1991, Berlin 1992, S. 51.
514 Claus Christian Malzahn, Hauptstadt-Sozis gegen Momper-Plan, in: taz Berlin, 05.02.1990, S. 21.
515 Gespräch Kohl-Gorbatschow, 10.02.1990, Sondered. BKAmt 1989/90, S. 801.
516 »Her mit Eurer guten D-Mark – aber Ihr müßt den Mund halten!«, in: B.Z., 06.2.1990, Titelseite; Wirbel um die Wahl, in: ebd., S. 12.
517 Vgl. Manfred Görtemaker, Volkskammerwahl 1990, Auszug aus: ders.: Beginn der deutschen Einigung, in: Der Weg zur Einheit, Informationen zur politischen Bildung (Heft 250), Bundeszentrale für politische Bildung, 19.03.2009, URL: http://www.bpb.de/themen/7I10DD.html [13.02.2012].
518 Nachlass Harry Ristock, undatierter Brief von Alexander Longolius auf privatem Briefpapier an Walter Momper über Dieter Schröder, Ditmar Staffelt, Hans-Georg Lorenz, Gerhard Heimann, Gerd Löffler, Harry Ristock, E Rep. 300-89, Nr. 14, S. 2–3.
519 Neues Forum, Demokratie Jetzt und die Initiative für Frieden und Menschenrechte.
520 Vgl. Forschungsgruppe Wahlen e.V. (Hrsg.), Wahl in der DDR. Eine Dokumentation der Volkskammerwahl vom 18. März 1990, Mannheim 1990, S. 8–10.
521 Die Analyse listet die Funktionäre gemäß der offiziellen Statistik der DDR als »Arbeiter«. Vgl. ebd., S. 14.
522 Ebd., S. 19–21.
523 Außer von den DSU-Wählern erhielt Momper von allen Befragten eine gute Bewertung. Ebd., S. 22.
524 Eckhard Jesse, Die Wahl zum Abgeordnetenhaus von Berlin am 2. Dezember 1990: Die

Korrektur der Korrektur von 1989, in: Zeitschrift für Parlamentsfragen, 22 (1991) 3, S. 390–405, hier S. 400f.

525 Forschungsgruppe Wahlen (Hrsg.), Wahl in Berlin. Eine Analyse der Wahl zum Abgeordnetenhaus vom 2. Dezember 1990, Mannheim 1990, S. 52–53.

526 Vgl. ebd., S. 45; Jesse, Die Wahl zum Abgeordnetenhaus, S. 400f. Zu dem Fakt, dass besonders Jüngere mit der Entwicklung Probleme hatten vgl. Schröder, Die Herausforderung der Einheit in Berlin, S. 361.

527 Schröder, Die Herausforderung der Einheit in Berlin, S. 364.

528 »Jetzt Offenheit beweisen«, in: Der Spiegel 48/1989, S. 31–37, hier S. 31.

529 Betreff: Gespräch mit dem »Seminar für Sicherheitspolitik 1990« über die »Rolle Berlins in der deutschen und internationalen Sicherheitspolitik«, 24.04.1990, PA AA, Referat 210, ZA 140.736 E.

530 So Kohl im Gespräch mit Bush: »Wenn in Ost-Berlin das Kommunalparlament frei gewählt werde, werde man vor der Situation stehen, daß in Berlin (West) und in Ost-Berlin die gleichen Parteien regierten. Die Grenze dazwischen werde immer sinnloser.« Vgl. Gespräch Kohl-Bush, 03.12.1989, Dok. 109, Sondered. BKAmt 1989/90, S. 600–609, hier S. 603. Auch Modrow verwies auf Berlin: »Entweder kommt es zu einem wirtschaftlichen Aufbruch oder zu einer Zuspitzung, die sich dann etwa in Berlin nicht mehr allein auf einen Teil der Stadt beschränken würde.« Gespräch Seiters-Modrow, 25.01.1990, Dok. 145, Sondered. BKAmt 1989/90, S. 707–713, hier S. 709.

531 Innenminister Wolfgang Schäuble (CDU) kommentierte die Entwicklung im Januar 1990 lakonisch mit den Worten: »Das sind Zahlen, derentwegen einst die Mauer gebaut wurde.« Vgl. »Sie fühlen sich betupft«; in: Der Spiegel 3/1990, 15.01.1990, S. 16–18.

532 Vgl. Fernschreiben Bertele an Seiters, 31.08.1989, Dok. 33, Sondered. BKAmt 1989/90, S. 388.

533 Vgl. Berlin regiert Bonn, in: Der Spiegel, 5/1990, S. 27–29; »Aha, dieser Momper aus Berlin«, in: Der Spiegel, 17/1989, S. 75; Momper vertrat DDR in Paris gleich mit, in: taz Berlin, 02.02.1990, S. 21.

534 Vgl. Vermerk: Berliner Regionalausschuß, 08.01.1990, PA AA, Referat 210, ZA 140.690 E; Betreff: Besprechung des Bundeskanzlers mit den Regierungschefs der Länder am 21.12.1989, 19.12.1989, ebd.

535 Vgl. Vermerk: Arbeitsgruppe Berlin, 21.03.1990, PA AA, Referat 210, ZA 140.720 E.

536 Exemplarisch: AvB, Plenarprotokoll 11/10, 22.06.1989, Erklärung des Regierenden Bürgermeisters über das Gespräch mit dem Generalsekretär und Staatsratsvorsitzenden Erich Honecker, S. 348ff.

537 Vgl. Tabelle 4 im Anhang. Dies bezieht sich explizit auf Reisen in die DDR, nicht auf die Durchreise über die Transitstrecke, für die kein Visum vorab beantragt werden musste. Die Zahlen nahmen nach dem Mauerfall nur für wenige Tage zu. Da sie in den Wochen davor aufgrund der unsicheren Lage ungewöhnlich niedrig waren, gleicht sich die Statistik aus. Es darf natürlich nicht übersehen werden, dass auch die Reisen der West-Berliner in die DDR über die Jahre hinweg abnahmen.

538 Aus West-Berlin reisten 765.000 Personen in die DDR, aus der Bundesrepublik nur 380.000. Jarausch, Die unverhoffte Einheit, S. 143.

539 Manuela Glaab, Deutschlandpolitik in der öffentlichen Meinung. Einstellungen und

Regierungspolitik in der Bundesrepublik Deutschland 1949–1990, Opladen 1999, S 101.

540 So auch das Fazit des Auswärtigen Amtes: Die Alliierten nehmen die »weite Auslegung der Kompetenz für Besuchsregelungen und Verkehrsfragen durch den Senat gelassen, sind kooperativ und bewundern die katastrophenfreie Bewältigung des Besucherandrangs durch viel Eigeninitiative und Improvisation aller Stellen, so daß die Sicherheitslage der Stadt nicht beeinträchtigt war. Über wichtige Entscheidungen wie die Herstellung des heißen Drahtes zwischen den Polizeihauptquartieren beider Stadtteile wurden sie prompt unterrichtet. Den Handshake Momper/Krack am Potsdamer Platz nahmen sie kommentarlos hin (hier hatte ja RBM Diepgen schon Vorarbeit geleistet).« Vermerk. Betreff: Auswirkungen des 9. November auf die Lage in und um Berlin, 24.11.1989, PP AA, Referat 210, 140.685 E, S. 5. Diesen Eindruck bestätigte auch Ralf Hirsch im Interview.

541 Heiner Müller, in: Dry. Ein Magazin, Berlin 1983, zit. n. Karl Heinz Brüger, Bauch der Metropole, in: SPIEGEL-SPEZIAL, II/1990, S. 38.

Quellen- und Literaturverzeichnis

1. Gedruckte Quellen und Quellensammlungen

Ausschuß für Deutsche Einheit (Hrsg.), Westberlin – Hort der Reaktion, Herd der Kriegsgefahr. Eine Dokumentation zur Frontstadtpolitik, Berlin 1958.

Bundesministerium des Innern unter Mitwirkung des Bundesarchivs (Hrsg.), Deutsche Einheit. Sonderedition aus den Akten des Bundeskanzleramtes 1989/90, München 1998.

Bundesministerium für innerdeutsche Beziehungen (Hrsg.), Zehn Jahre Deutschlandpolitik, Bonn 1980.

Bundesrat, Plenarprotokoll 11/606, Zur Öffnung der innerdeutschen Grenze, 10.11.1989.

Deutscher Bundestag (Hrsg.), Materialien der Enquete-Kommission: Aufarbeitung von Geschichte und Folgen der SED-Diktatur in Deutschland, Baden-Baden 1995, Bd. V/1, V/2 und VII/2.

Forschungsgruppe Wahlen e.V. (Hrsg.), Wahl in Berlin. Eine Analyse der Wahl zum Abgeordnetenhaus vom 29. Januar 1989, Mannheim 1989.

Forschungsgruppe Wahlen e.V. (Hrsg.), Wahl in der DDR. Eine Dokumentation der Volkskammerwahl vom 18. März 1990, Mannheim 1990.

Institut für Zeitgeschichte (Hrsg.), Akten zur auswärtigen Politik der Bundesrepublik, 1975 – 1. Januar bis 30. Juni, München 2006.

Kleines politisches Wörterbuch, Berlin (DDR) 1973.

Krack, Erhard: Hauptstadt Berlin und ihre Bürger, Berlin (DDR) 1987.

Kramer, Wolfgang: Berlin. Eine Stadt auf der Suche nach ihrer Identität. Erinnerungen, Spuren, Wirkungen. München 1985.

Noelle-Neumann, Elisabeth: Demoskopische Geschichtsstunde. Vom Wartesaal der Geschichte zur deutschen Einheit, Zürich 1991.

Noelle-Neumann, Elisabeth/Köcher, Renate (Hrsg.), Allensbacher Jahrbuch der Demoskopie 1984–1992, Bd. 9, Berlin/New York 1993.

Potthoff, Heinrich: Koalition der Vernunft. Deutschlandpolitik in den 80er Jahren, München 1995.

Presse- und Informationsamt der Bundesregierung (Hrsg.), Deutschland 1989, Bonn 1990.

Statistisches Landesamt Berlin (Hrsg.), Statistisches Jahrbuch 1995, Berlin 1995.

telegraph 4/1994.

Vorstand der SPD (Hrsg.), Die Deutschen in Europa. Berliner Erklärung der SPD, Bonn 1989.

1.1 Memoiren

DIEKMANN, Kai/REUTH, Ralf Georg, Helmut Kohl: »Ich wollte Deutschlands Einheit«, 2. Aufl., Berlin 1996.

DIEPGEN, Eberhard, Deutsche Einheit. Gedanken, Einsichten und Perspektiven, Berlin 2000.

KUNZE, Gerhard, Grenzerfahrungen. Kontakte und Verhandlungen zwischen dem Land Berlin und der DDR 1949–1989, Berlin 1999.

LEHMANN-BRAUNS, Uwe, Die verschmähte Nation. Berliner Begegnungen, Wertungen, Stuttgart 2005.

MOMPER, Walter, Grenzfall. Berlin im Brennpunkt deutscher Geschichte, Berlin 1991.

NITZ, Jürgen, Unterhändler zwischen Berlin und Bonn. Nach dem Häber-Prozeß: Zur Geschichte der deutsch-deutschen Geheimdiplomatie in den 80er Jahren, Berlin 2001.

RISTOCK, Harry, Neben dem roten Teppich. Begegnungen, Erfahrungen und Visionen eines Politikers, Berlin 1991.

SCHRÖDER, Dieter, Von Politik und dummen Fragen. Beobachtungen in Deutschland, Rostock 2002.

STRONK, Detlef, Berlin in den achtziger Jahren, Im Brennpunkt der deutsch-deutschen Geschichte, Berlin 2009.

VÖSSING, Ansgar, Die Kontakte der Berliner CDU zur Opposition und zu neuen Parteien in der DDR, in: DA, 43 (2010) 1, S. 52–59.

1.2 Tagespresse und Zeitschriften, Ausgaben 1989/90

Berliner Morgenpost

B.Z.

Der Spiegel

Der Tagesspiegel

Die Welt

Die Zeit

Deutschland Archiv

Taz, die tageszeitung

Umweltblätter

2. Archivalien

Archiv des Abgeordnetenhauses

AvB, Plenarprotokoll 11/3, 13.04.1989.

AvB, Plenarprotokoll 11/8, 01.06.1989.

AvB, Plenarprotokoll 11/10, 22.06.1989.

AvB, Plenarprotokoll 11/13, 14.09.1989.

AvB, Plenarprotokoll 11/15, 12.10.1989.

AvB, Plenarprotokoll 11/16, 26.10.1989.

AvB, Plenarprotokoll 11/18, 16.11.1989.

AvB, Plenarprotokoll 11/23, 18.01.1990.

AvB, Plenarprotokoll 11/27, 22.03.1990.

AvB, 11. Wahlperiode, Protokoll der 7. Sitzung des Ausschusses für Bundesangelegenheiten und Gesamtberliner Fragen, 12.10.1989.

Antrag der Fraktion der CDU auf Annahme einer Entschließung über Aufnahme der deutschen Flüchtlinge in Berlin, 12.10.1989.

AvB, Drucksache 11/1037, Antwort (Schlußbericht) auf die Kleine Anfrage Nr. 1350.

Archiv der DDR-Opposition, Robert-Havemann-Gesellschaft

RHG, RG/B 19/6, Umweltbibliothek Berlin, 1988–1989.

RHG, EP 07, Relegierung von Schülern der EOS »Carl von Ossietzky«, Berlin-Pankow.

RHG, OWK 02, Alternative Liste, 17.11.1983–21.11.1989.

RHG, OWK 07, Unterstützergruppen der Umweltbibliothek Berlin, 1988–1990.

Archiv Grünes Gedächtnis:

AGG, Bibliothek, 0321, Parteizeitung »Der Stachel«, Ausgaben der Jahre 1989/90.

AGG, Bibliothek, Grün 044BE-2a.

AGG, Bibliothek, Grün 044BE-12.

AGG, Bundestagsfraktion Die Grünen, B.II.1.2330.

Politisches Archiv des Auswärtigen Amtes:

PA AA, Referat 210, ZA 140.685 E.

PA AA, Referat 210, ZA 140.720 E.

PA AA, Referat 210, ZA 140.736 E.

PA AA, Referat 210, ZA 140.751 E.

PA AA, Referat 213, ZA 151.690 E.

PA AA, Referat 210, B130, 13.528 E.

Archiv der BStU:

BStU, MfS, Arbeitsgruppe XVII, Nr. 1911 und 3829.

BStU, MfS, BV Berlin, Auswertungs- und Kontrollgruppe, Nr. 20.

BStU, MfS, Hauptabteilung II, Nr. 31540.

BStU, MfS, Hauptabteilung VI, Nr. 10471.

BStU, MfS, Hauptverwaltung Aufklärung, Nr. 813 und 1548.

BStU, MfS, Juristische Hochschule, Nr. 21247 und 21501.

BStU, MfS, Rechtsstelle, Nr. 391. 406, 442 und 512.

BStU, MfS, Arbeitsbereich Neiber, Nr. 376 und 430.

BStU, MfS, Sekretariat Neiber, Nr. 144, 450, 510, 553 und 874.

BStU, MfS, Zollverwaltung, Nr. 4681.

BStU, MfS, Zentrale Auswertungs- und Informationsgruppe (ZAIG), Nr. 5758, 6033, 8429, 14418, 20584 und 21650.

BStU, MfS, Zentraler Operativstab – MfS-Lagezentrum, Nr. 1453.

Bundesarchiv (Standort Lichterfelde):

BArch, Ministerrat der DDR, DC 20/ 11387.

BArch, Ministerrat der DDR, DC 20/ II 3/2875.

BArch, Ministerrat der DDR, DC 20-I/ 3/288.

BArch, Politbüro des ZK der SED, DY 30/ J IV/ 2/2A 3078.

BArch, Büro Axen, DY 30/ IV 2/2.035/121.

BArch, Büro Axen, DY 30/ J IV/ 2/2.035/121.

Landesarchiv Berlin:

LArch, Der Regierende Bürgermeister von Berlin, B Rep. 002, Nr. 14669-14671, 22419-22420 und 23021.

LArch, Runder Tisch von Berlin, C Rep. 830, Nr. 31.

LArch, Der Oberbürgermeister von Berlin, C Rep. 101, Nr. 2270.

LArch, Magistrat von Berlin, Bereich internationale Verbindungen auf kommunalem Gebiet, C Rep. 122, Nr. 471, 478 und 830.

LArch, Der Regierende Bürgermeister von Berlin (wiedervereint), D Rep. 500 Nr. 1.

LArch, Nachlass Harry Ristock, E-Rep. 300-89, Nr. 14 und 87.

3. Quellen aus dem Internet:

BVFG, §6, Bundesgesetzblatt Teil 1, ausgegeben zu Bonn am 22. Mai 1953, Bundesministerium der Justiz, Gesetze im Internet, http://www.gesetze-im-internet.de/bvfg/_6.html [13.02.2012].

4. TV-Sendungen (Kopien im Archiv der Verfasserin):

ARD, Tagesschau, 22.12.1989.

Aufzeichnung der Live-Übertragung der Reden vor dem Schöneberger Rathaus, 10.11.1989. Im Brennpunkt, SFB/ARD, 10.11.1989, ab 10 Uhr.

»Offene Grenze«, Sondersendung der Berliner Abendschau, SFB, 10.11.1989.

So ein Jahr! Deutsch-deutsches Silvester in Berlin, Live-Berichterstattung von der Silvesterfeier 1989/90, 23.50 bis 0.30 Uhr, ARD/SFB in Kooperation mit dem Fernsehen der DDR.

ZDF, Heute, 22.12.1989.

Literatur

ALEXANDER, Keith D.: From Red to Green in the Island City. The Alternative Liste West Berlin and the Evolution of the West German Left, 1945–1990, Baltimore 2004.

ALISCH, Steffen: »Die Insel sollte sich das Meer nicht zum Feind machen!«, Die Berlinpolitik der SED zwischen Bau und Fall der Mauer, Stamsried 2004.

APELT, Andreas H.: Die Opposition in der DDR und die deutsche Frage 1989/90, Berlin 2009.

APELT, Andreas H.: Sozialismus contra Wiedervereinigung? Die DDR-Opposition und die deutsche Frage, in: Eckart Conze/Katharina Gajdukowa/Sigrid Koch-Baumgarten (Hrsg.), Die demokratische Revolution 1989 in der DDR, Köln/Weimar/Wien 2009, S. 138–153.

ASSMANN, Aleida: Erinnerungsräume. Formen und Wandlungen des kulturellen Gedächtnisses, München 1999.

ASSMANN, Aleida: Der lange Schatten der Vergangenheit. Erinnerungskultur und Geschichtspolitik, Bonn 2007.

ASSMANN, Jan: Das kulturelle Gedächtnis. Schrift, Erinnerung und politische Identität in frühen Hochkulturen, 6. Aufl., München 2007.

AUERBACH, Thomas: Der Frieden ist unteilbar. Die blockübergreifende Friedensbewegung im Visier der Stasi-Hauptabteilung XX/5 1981–1987, in: Linke Opposition in der DDR und undogmatische Linke in der BRD. Tagungsdokumentation, Jena 1996, S. 72–88.

BENDER, Peter: Berlin als Brücke zwischen Ost und West, in: Gerd Langguth (Hrsg.), Berlin: Vom Brennpunkt der Teilung zur Brücke der Einheit, Bonn 1990, S. 473–478.

BERGER, Peter L./LUCKMANN, Thomas: Die gesellschaftliche Konstruktion der Wirklichkeit. Eine Theorie der Wissenssoziologie, 43. –44. Tsd., Frankfurt/Main 1998.

BORNEMAN, John: Belonging in the two Berlins. Kin, state, nation, Cambridge 1992.

BUDE, Heinz: Der Name Berlin, in: ders., Generation Berlin, Berlin 2001, S. 68–86.

CONZE, Eckart: Sicherheit als Kultur. Überlegungen zu einer »modernen Politikgeschichte« der Bundesrepublik Deutschland, in: Vierteljahrshefte für Zeitgeschichte (VfZ) 53 (2005) 3, S. 357–380.

DAUM, Andreas W.: Kennedy in Berlin. Politik, Kultur und Emotion im Kalten Krieg, Paderborn 2003.

DAVIS, Belinda: The City as Theater of Protest. West-Berlin and West-Germany 1962–1983, in: Gyan Prakash/Kevin M. Kruse (Hrsg.), The Spaces of the Modern City. Imaginaries, Politics and Everyday Life, Princeton 2008, S. 247–274.

DERIX, Simone: Bebilderte Politik, Staatsbesuche in der Bundesrepublik 1949–1990, Göttingen 2009, S. 89–133.

DIEPGEN, Eberhard: Berlin im Kräftefeld der Ost-West-Beziehungen. Perspektiven für eine geteilte Stadt, in: ders., Berlinpolitik. Rechtsgrundlagen, Risiken, Chancen, Berlin (West) 1989, S. 9–26.

EPPELMANN, Rainer/FAULENBACH, Bernd/MÄHLERT, Ulrich (Hrsg.): Bilanz und Perspektiven der DDR-Forschung, Paderborn 2003.

ERLL, Astrid: Kollektives Gedächtnis und Erinnerungskulturen. Eine Einführung, Stuttgart 2005.

FAULENBACH, Bernd (Hrsg.): Die deutsche Sozialdemokratie und die Umwälzung 1989/90, Essen 2001.

FÜSSLEIN, Peter: Ausgestaltung und Entwicklung des Vier-Mächte-Abkommens bis zum Herbst 1989, in: Gerd Langguth (Hrsg.), Berlin: Vom Brennpunkt der Teilung zur Brücke der Einheit, Bonn 1990, S. 107–123.

GEHRING, Petra: Was heißt Eigenlogik? Zu einem Paradigmenwechsel für die Stadtforschung, in: Helmut Berking/Martina Löw (Hrsg.), Die Eigenlogik der Städte. Neue Wege für die Stadtforschung, Frankfurt Main/New York 2008, S. 153–168.

GEHRMANN, Manfred: Die Überwindung des »Eisernen Vorhangs«. Die Abwanderung aus der DDR in die BRD und nach West-Berlin als innerdeutsches Migranten-Netzwerk, Berlin 2009.

GEPPERT, Dominik: Symbolische Politik. Berliner Konjunkturen der Erinnerung an die Luftbrücke, in: Helmut Trotnow/Bernd von Kostka (Hrsg.), Die Berliner Luftbrücke. Ereignis und Erinnerung, Berlin 2010, S. 137–147.

GERNERT, Johannes: Die Planung des Mauerfalls, in: taz, 02.10.2009, S. 17 und 20–21.

HAFFNER, Sebastian: Was Berlin den Deutschen bedeutet; in: Museumsjournal, 19 (2005) 11, S. 4–6.

HEINRICH, Gudrun: Rot-Grün in Berlin. Die alternative Liste in der Regierungsverantwortung 1989–1990, Marburg/Berlin 1993.

HERBERG, Dieter/STEFFENS, Doris/TALLENBACH, Elke: Schlüsselwörter der Wendezeit. Wörter-Buch zum öffentlichen Sprachgebrauch 1989/90, Berlin/New York 1997.

HERTLE, Hans-Hermann: Chronik des Mauerfalls. Die dramatischen Ereignisse um den 9. November 1989, Berlin 1999.

HERTLE, Hans-Hermann: Mauerbau und Mauerfall. Ursachen–Verlauf–Auswirkungen, Berlin 2002.

HERZBERG, Wolfgang (Hrsg.): Auf den Anfang kommt es an. Sozialdemokratischer Neubeginn in der DDR 1989/90, Interviews und Analysen, Bonn 1993.

HÜLLEN, Rudolf van: Ideologie und Machtkampf bei den Grünen, Bonn 1990.

IPSEN, Detlev: Regionale Identität. Überlegungen zum politischen Charakter einer psychosozialen Raumkategorie, in: Rolf Lindner (Hrsg.), Die Wiederkehr des Regionalen. Über neue Formen kultureller Identität, Frankfurt Main/New York 1994, S. 232–254.

JÄGER, Wolfgang: Die Deutschlandpolitik der Bundesregierungen der CDU-CSU-F.D.P.-Koalition (Kohl-Genscher), die Diskussion in den Parteien und in der Öffentlichkeit 1982–1989, in: Deutscher Bundestag (Hrsg.), Materialien der Enquete-Kommission: Aufarbeitung von Geschichte und Folgen der SED-Diktatur in Deutschland, Baden-Baden 1995, Baden-Baden 1995, Bd. V/2, S. 1572–1611.

JANSEN, Silke: Zwei deutsche Staaten – zwei deutsche Nationen?, in: DA, 22 (1989) 10, S. 1132–1143.

JARAUSCH, Konrad H.: Die unverhoffte Einheit 1989–1990, Frankfurt/Main 1995.

JESCHONNECK, Friedrich: Alliierte in Berlin 1945–1994. Ein Handbuch zur militärischen Präsenz der Westmächte, Berlin 2002.

JESSE, Eckhard: Die Wahl zum Abgeordnetenhaus von Berlin am 2. Dezember 1990: Die Korrektur der Korrektur von 1989, in: Zeitschrift für Parlamentsfragen, 22 (1991) 3, S. 390–405.

KEWENIG, Wilhelm A.: Deutschlandpolitik im Dreieck Berlin – Bonn – Berlin, in: Eberhard Diepgen (Hrsg.), Berlinpolitik. Rechtsgrundlagen, Risiken, Chancen, Berlin (West) 1989, S. 51–62.

KLESSMANN, Christoph: Konturen einer integrierten Nachkriegsgeschichte, in: Aus Politik und Zeitgeschichte (APuZ), 18–19/2005, S. 3–11.

KLEINERT, Hubert: Aufstieg und Fall der Grünen. Analyse einer alternativen Partei, Bonn 1992.

KNABE, Hubertus: Die DDR-Opposition und ihre westdeutschen Unterstützer, in: Hans-Joachim Veen/Ulrich Mählert/Peter März (Hrsg.), Wechselwirkungen Ost-West. Dissidenz, Opposition und Zivilgesellschaft 1975–1989, Köln/Weimar/Wien 2007, S. 111–115.

KÖHLER, Anne: Ist die Übersiedlerwelle noch zu stoppen?, in: DA, 22 (1989) 11, S, 427.

KORTE, Karl-Rudolf: Der Standort der Deutschen, Köln 1990.

KOSELLECK, Reinhart: »Erfahrungsraum« und »Erwartungshorizont«– zwei historische Kategorien, in: ders., Vergangene Zukunft. Zur Semantik geschichtlicher Zeiten. Frankfurt/Main 1989, S. 349–375.

KOWALCZUK, Ilko-Sascha: Endspiel. Die Revolution von 1989 in der DDR, München 2009.

KÜHN, Andreas: Stalins Enkel, Maos Söhne. Die Lebenswelt der K-Gruppen in der Bundesrepublik der 70er Jahre, Frankfurt/Main 2005.

LANDWEHR, Achim: Historische Diskursanalyse, Frankfurt/Main 2008.

LANGGUTH, Gerd: Die Berlinpolitik der DDR und der Sowjetunion, in: ders. (Hrsg.), Berlin: Vom Brennpunkt der Teilung zur Brücke der Einheit, Bonn 1990, S. 142–170.

LANGGUTH, Gerd: Der Status Berlin aus Sicht der DDR. Eine kritische Bestandsaufnahme, in: Eberhard Diepgen (Hrsg.), Berlinpolitik. Rechtsgrundlagen, Risiken, Chancen, Berlin (West) 1989, S. 121–161.

LEMKE, Michael (Hrsg.): Schaufenster der Systemkonkurrenz. Die Region Berlin-Brandenburg im Kalten Krieg, Köln 2006, Köln 2006.

LINDNER, Rolf: Das Ethos der Regionen, in: ders. (Hrsg.), Die Wiederkehr des Regionalen. Über neue Formen kultureller Identität, Frankfurt Main/New York 1994, S. 201–231.

LINDNER, Rolf: Der Habitus der Stadt – ein kulturgeographischer Versuch, in: Petermanns Geographische Mitteilungen, 147 (2003) 2, S. 46–53.

LINDNER, Rolf: Offenheit – Vielfalt – Gestalt. Die Stadt als kultureller Raum, in: Friedrich Jaeger/Jörn Rüsen (Hrsg.), Handbuch der Kulturwissenschaften, Bd. 3, Stuttgart 2004, S. 385–398.

LINDNER, Rolf: Textur, imaginaire, Habitus – Schlüsselbegriffe der kulturanalytischen Stadtforschung, in: Helmut Berking/Martina Löw (Hrsg.), Die Eigenlogik der Städte. Neue Wege für die Stadtforschung, Frankfurt Main/New York 2008, S. 83–94.

MAHNCKE, Dieter: Das Berlin-Problem 1945–1989, die Berlin-Krise 1958–1961, in: Deutscher Bundestag (Hrsg.), Materialien der Enquete-Kommission: Aufarbeitung von Geschichte und Folgen der SED-Diktatur in Deutschland, in: Deutscher Bundestag (Hrsg.), Materialien der Enquete-Kommission: Aufarbeitung von Geschichte und Folgen der SED-Diktatur in Deutschland, Baden-Baden 1995, Bd. V/1, S. 17–26.

MERGEL, Thomas: Überlegungen zu einer Kulturgeschichte der Politik, in: Geschichte und Gesellschaft 28/2002, S. 574–606.

NEUBERT, Ehrhart: Geschichte der Opposition in der DDR 1949–1989, 2. durchges., erw. u. korr. Aufl., Bonn 1997.

NEUBERT, Ehrhart: Unsere Revolution Die Geschichte der Jahre 1989/90, München 2008.

PFAFF, Steve: Exit-voice dynamics and the collapse of East Germany. The crisis of Leninism and the revolution of 1989, Durham 2006.

PFLÜGER, Friedbert/KNAPPE, Jens: Deutschlandpolitik 1982–1990, in: Werner Weidenfeld/Karl-Rudolf Korte (Hrsg.): Handbuch zur deutschen Einheit, Frankfurt/Main – New York 1993, S. 173–182.

POTTHOFF, Heinrich: Koalition der Vernunft. Deutschlandpolitik in den 80er Jahren, München 1995.

RANDELZHOFER, Albrecht: Staats- und völkerrechtliche Lage Berlins in unserer Zeit, in: Eberhard Diepgen (Hrsg.), Berlinpolitik. Rechtsgrundlagen, Risiken, Chancen, Berlin (West) 1989, S. 63–95.

RASCHKE, Joachim: Die Grünen. Wie sie wurden, was sie sind, Köln 1993.

REIPRICH, Siegfried: Die linke Opposition in der DDR als eigene Größe zwischen Prag 1968 und westeuropäischer Studentenrevolte; in: Linke Opposition in der DDR und undogmatische Linke in der BRD. Tagungsdokumentation, S. 37–55.

RIBBE, Wolfgang: Berlin 1945–2000. Grundzüge der Stadtgeschichte, Berlin 2002.

RICHTER, Michael: Die Wende. Plädoyer für eine umgangssprachliche Benutzung des Begriffs, in: DA, 40 (2007) 5, S. 861–868.

RICHTER, Michael: Ebenfalls gegen die Wende-Demagogie und für den Revolutionsbegriff, Replik auf Rainer Eckerts Anmerkungen, in: DA, 40 (2007) 6, S. 1086–1088.

RONGE, Volker: Übersiedler; in: Werner Weidenfeld/Karl-Rudolf Korte (Hrsg.): Handbuch zur deutschen Einheit, Frankfurt Main/New York 1993. S. 643–647.

ROTENBERG, Dirk: Berliner Demokratie zwischen Existenzsicherung und Machtwechsel. Die Transformation der Berlin-Problematik 1971–1981, Schriftenreihe der Historischen Kommission zu Berlin, Bd. 5, Berlin 1995.

ROTT, Wilfried: Die Insel. Eine Geschichte West-Berlins 1948–1990. München 2009.

ROTT, Wilfried: Abschied von West-Berlin, in: APuZ 11/2010, S. 41–46.

SAAR, Martin: Mahnmal, in: Nicolas Pethes/Jens Ruchatz, Gedächtnis und Erinnerung. Ein interdisziplinäres Lexikon, Hamburg 2001, S. 359–361.

SABROW, Martin: Scheu vor dem R-Wort, in: Frankfurter Allgemeine Zeitung (FAZnet), Lesesaal, Podium: Die Epochenzäsur 1989/90 – eine deutsche Revolution?, 12.09.2008.

SABROW, Martin: Historisierung der Zweistaatlichkeit, in: APuZ, 3/2007, S. 19–24.

SABROW, Martin: Der Konkurs der Konsensdiktatur. Überlegungen zum inneren Zerfall der DDR aus kulturgeschichtlicher Perspektive, in: ders./Konrad Jarausch (Hrsg.), Weg in den Untergang. Der innere Zerfall der DDR, Göttingen 1999, S. 83–116.

SÄLTER, Gerhard: Das Verschwinden der Berliner Mauer, in: Klaus-Dietmar Henke, Revolution und Vereinigung 1989/90. Als in Deutschland die Realität die Phantasie überholte, München 2009, S. 353–362.

SCHMID, Harald: Regionale Erinnerungskulturen – ein einführender Problemaufriss, in: ders. (Hrsg.), Erinnerungskultur und Regionalgeschichte, München 2009, S. 7–21.

SEIBT, Gustav: Das Brandenburger Tor, in: Etienne François/Hagen Schulze (Hrsg.), Deutsche Erinnerungsorte, Bd. 2, 3. Aufl., München 2003, S. 67–85.

SCHÖNE, Jens: Das Herz der Republik. 750 Jahre Berlin, in: ders., Stabilität und Niedergang. Ost-Berlin im Jahr 1987, Schriftenreihe des Berliner Landesbeauftragen für die Unterlagen des Staatssicherheitsdienstes der ehemaligen DDR, Bd. 22, 3. Aufl., Berlin 2008, S. 11–42.

SCHMIDT, Jürgen: Die Geschichte der Parteien in Berlin von 1945 bis 1989, in: Jakob Lempp/Christian Junge (Hrsg.), Parteien in Berlin, Berlin 2007.

SCHMOLLINGER, Horst W.: Die Wahl zum Abgeordnetenhaus von Berlin am 29. Januar 1989. Ein überraschender Wandel im Parteiensystem; in: Zeitschrift für Parlamentsfragen, J. 20, Nr. 3/89, S. 309–322.

SCHOLZ, Rupert: Berlin – Status und nationale Aufgabe, in: Eberhard Diepgen (Hrsg.), Berlinpolitik. Rechtsgrundlagen, Risiken, Chancen, Berlin (West) 1989, S. 27–50.

SCHRÖDER, Dieter: Die Herausforderung der Einheit in Berlin; in: Revue d‹ Allemagne et de pays de langue Allemande, 24 (1992) 2–3, S. 353–364.

STAADT, Jochen: Versuche der Einflussnahme der SED auf die politischen Parteien der Bundesrepublik nach dem Mauerbau, in: Deutscher Bundestag (Hrsg.), Materialien der Enquete-Kommission: Aufarbeitung von Geschichte und Folgen der SED-Diktatur in Deutschland, Baden-Baden 1995, Bd. V/3, S. 2406–2600.

STURM, Daniel Friedrich: Uneinig in die Einheit, die Sozialdemokratie und die Vereinigung Deutschlands, Bonn 2006.

SCHULLER, Wolfgang: Die deutsche Revolution 1989, Berlin 2009.

SÜSS, Werner: Von Berlin nach Berlin. Die Hauptstadtsuche der Deutschen, Berlin 2000.

SÜSS, Werner: Berlin. Die Hauptstadt. Vergangenheit und Zukunft einer europäischen Metropole, Berlin 1999.

SCHWELLING, Birgit: Politische Kulturforschung als kultureller Blick auf das Politische. Überlegungen zu einer Neuorientierung der Politischen Kulturforschung nach dem »cultural turn«, in: Zeitschrift für Politikwissenschaft, 11 (2001) 2, S. 601–629.

THIJS, Krijn: Das Ende der unbequemen Exklave. West-Berlin im November 1989, unveröffentlichtes Paper für die DAAD, Mai 2010, URL: http://www.daad.de/imperia/md/content/de/zentren/thijs.pdf [13.02.2012].

Krijn Thijs, Der Mauerfall und das verlorene West-Berlin, in: DA, 7/2011, Online Ausgabe, S. 4, URL: http://www.bpb.de/geschichte/zeitgeschichte/deutschlandarchiv/53683 mauerfall-und-west-berlin?p=2 [13.02.2012].

THIJS, Krijn, Rezension zu: Wilfried Rott, Die Insel. Eine Geschichte West-Berlins 1948–1990, München 2009, in: H-Soz-u-Kult, URL: http://hsozkult.geschichte.hu-berlin.de/rezensionen/2010-1-241 [13.02.2012].

THIJS, Krijn: Drei Geschichten, eine Stadt. Die Berliner Stadtjubiläen von 1937 und 1987, Köln 2008.

TIMMER, Karsten: Vom Aufbruch zum Umbruch. Die Bürgerbewegung in der DDR 1989, Göttingen 2000.

WETTIG, Gerhard, Rezension zu: Steffen Alisch, »Die Insel sollte sich das Meer nicht zum Feind machen!«. Die Berlin-Politik der SED zwischen Bau und Fall der Mauer. Stamsried 2004, in: H-Soz-u-Kult, 05.05.2005, URL: http://hsozkult.geschichte.hu-berlin.de/rezensionen/2005-2-086 [13.02.2012]

WETZLAUGK, Udo: Alliierte in Berlin, Berlin (West) 1988.

WILKE, Manfred: Der 9. November: Fall der Berliner Mauer, in: Klaus-Dietmar Henke, Revolution und Vereinigung 1989/90. Als in Deutschland die Realität die Phantasie überholte, München 2009, S. 224–237.

WINTERS, Peter Jochen: Die Deutschlandpolitik des Berliner Senats; in: DA, 22 (1989) 11, S. 1226–1230.

WOLLE, Stefan: Die Berlinfrage im Bewußtsein der Bevölkerung der DDR, in: Deutscher Bundestag (Hrsg.), Materialien der Enquete-Kommission: Aufarbeitung von Geschichte und Folgen der SED-Diktatur in Deutschland, Baden-Baden 1995, Bd. V/1, S. 27–33.

WOLLE, Stefan: Die heile Welt der Diktatur. Alltag und Herrschaft in der DDR 1971–1989, 2. durchges. Aufl., Bonn 1999.

ZIVIER, Ernst R.: Verfassung und Verwaltung von Berlin, 2. aktual. und erw. Aufl., Berlin 1992.

Personenregister

Abbildungsnachweis

Ramm, Frederik (www.remote.org/frederik/culture/berlin): S. 67

Umbruch Bildarchiv: Umschlagvorderseite oben (Foto: Wolfgang Sünderhauf), Umschlagvorderseite unten (Foto: Wolfgang Sünderhauf), S. 19, 38, 47 (Foto: Gpl), 63 (Foto: Wolfgang Sünderhauf), 65 (Foto: Wolfgang Sünderhauf), 80

Die Autorin

Stefanie Eisenhuth, geb. 1977, studierte nach mehrjähriger Tätigkeit im Marketing Neuere und Neueste Geschichte und Kulturwissenschaft an der Humboldt-Universität zu Berlin. Sie war für die Robert-Havemann-Gesellschaft und für das Zentrum für Zeithistorische Forschung tätig. Seit 2011 arbeitet sie an der Humboldt-Universität zu Berlin als wissenschaftliche Mitarbeiterin am Lehrstuhl für Neueste und Zeitgeschichte.